Victorinox – die Messermacher von Ibach

_Zur Reihe

Mit der Buchreihe «Innerschweiz auf dem Weg ins Heute» möchte die Albert Koechlin Stiftung AKS zusammen mit dem Herausgeber die Aufbruchstimmung, welche in den 50er- und 60er-Jahren des 20. Jahrhunderts begonnen hatte und sich in der Folge nachhaltig fortsetzte, beleuchten und festhalten.
Unter dem Arbeitstitel «Lebenserinnerungen» kommen engagierte Persönlichkeiten der Innerschweiz zu Wort in Bereichen wie Religion, Literatur, Wirtschaft, Politik, Brauchtum, Journalismus und Verlagswesen, Hochschulen, Kunst/Musikkultur, Militär. Es sind Menschen, die erlebt und erfahren haben, wie sich der Geist der Innerschweiz gewandelt hat. Bewusst soll das subjektive und ganz persönliche Miterleben der Autorinnen und Autoren zur Darstellung gelangen. Die Buchreihe enthält demzufolge Autobiografisches, persönliche Wahrnehmungen und Wertungen, Auseinandersetzungen mit Land und Leuten je aus der Sicht der eigenen Befindlichkeit und Betroffenheit.
Die Reihe will demnach keine wissenschaftliche Auseinandersetzung mit dem Zeitgeschehen sein und auch keine ausgewogene, deskriptive «Zeitanalyse». Beim Leser sollen «Lebenserinnerungen» wach werden. Er wird Teil des Buchprojektes. Die Auseinandersetzung mit vergangener Zeit wird damit in unserer Zeit wieder lebendig, die Dynamik und der kritische Geist werden fortgesetzt. Manches hat sich gewandelt, ist überlebt, heute nur noch geschichtliche Erinnerung, manches ist noch heute ungeklärt aktuell. Lebenserinnerung wird zur Lebensgestaltung.

Albert Koechlin Stiftung AKS

_Zum dritten Band

Im Band «Victorinox – die Messermacher von Ibach» hat die Schriftstellerin Heidy Gasser die Lebenserinnerungen von Carl Elsener (1922) und seinem Sohn Carl (1958) aufgezeichnet. Die eingestreuten Texte über Mitarbeiter der Firma Victorinox verstehen sich als Teil der Lebensgeschichte von Vater und Sohn, sowie der «(Gross-) Familie Elsener-Victorinox».

Victorinox – die Messermacher von Ibach

_Heidy Gasser

Ganz herzlich für Myra Tönz
Heidy

Albert Koechlin Stiftung

Victorinox – die Messermacher von Ibach
Innerschweiz auf dem Weg ins Heute, Band 3

Autorin: Heidy Gasser, Lungern
Herausgeber: Andreas Iten, Unterägeri
Lektorat und Projektleitung: Urspeter Schelbert, Walchwil
Druck: Druckerei Baumann AG, Menziken
Gestaltungskonzept: ARTick Christina Niederer, Luzern

ISBN 978-3-905446-07-4

1. Auflage 2009

Vorwort

Wer «Victorinox» hört, der denkt meistens an ein kleines rotes Taschenmesser mit eingelegtem Kreuz und Schild, das Offiziersmesser oder Swiss Army Knife. Dieses Messer, welches bereits 1897 patentiert worden war, hat der Innerschweizer Firma zu Weltruhm verholfen und ist zum eigentlichen Symbol für Schweizer Qualität geworden. Es ist nur eines von vielen herausragenden Produkten, welche täglich die Firma in Ibach verlassen und in alle Welt exportiert werden. Was am 1. Januar 1884 als kleine Messerschmiede neben dem Tobelbach in Ibach begann, hat sich innert 125 Jahren zu einem Unternehmen mit weltweit insgesamt 1700 Arbeitsplätzen entwickelt (900 in Ibach, 300 in der Westschweiz und 500 im Ausland).

Hinter einer erfolgreichen Firma stehen meistens besondere Menschen. Im Fall der Victorinox ist es die Familie Elsener, welche über vier Generationen die inzwischen weltbekannte Firma aufgebaut hat. Längst werden nicht mehr nur Messer, Taschenwerkzeuge und Uhren hergestellt, sondern auch Reisegepäck, Parfüm, Freizeit- und Businessbekleidung werden unter dem Label Victorinox vertrieben. Von der ersten bis zur jetzigen Generation ziehen sich ähnliche Werte durch die Familien- und Firmengeschichte. Die wichtigsten sind wohl Qualitätsbewusstsein und die ständige Bereitschaft sich weiterzuentwickeln. Doch es stehen auch christliche Grundwerte und die soziale Verantwortung im Mittelpunkt.
Es erstaunte kaum, dass der Seniorchef Carl Elsener der Idee einer Biographie zunächst skeptisch gegenüber stand. Er will

nicht im Mittelpunkt stehen. Öffentliches Lob in der Presse für soziale Firmenführung und ein gutes Betriebsklima freut ihn zwar. Aber er begreift nicht, dass solche Selbstverständlichkeiten erwähnenswert sind. Wie sollte man sonst so einen Betrieb führen, wenn nicht mit Begeisterung und einem Engagement, das ansteckend wirkt? Seine Arbeit hat ihn ein Leben lang herausgefordert und so erfüllt, dass er neben seiner Familie nicht viel mehr zu einem glücklichen Leben brauchte. Da war keine Zeit für ein politisches Amt oder gesellschaftliche Präsenz. Das Scheinwerferlicht der Öffentlichkeit liegt ihm ohnehin nicht. Nach langen Gesprächen erklärte er sich bereit, im Rahmen einer Familiengeschichte Persönliches über sich zu erzählen. Zudem dürften die vielen treuen Angestellten nicht vergessen werden, die zusammen mit der Unternehmerfamilie für die Firma ihr Bestes gegeben hätten. Alle seien hier wichtig. Grosse Ziele könnten nur gemeinsam erreicht werden.
Hans Schorno, Medienverantwortlicher, begleitete mich auf zahlreichen Rundgängen, vermittelte Kontakte und Gespräche. Mit feinem Gespür brachte er mich mit Menschen zusammen, welche mir aus verschiedensten Blickwinkeln die Familie Elsener und die Firma näher brachten. Noch nie hatte ich eine so herzliche Verbundenheit erlebt, welche sich durch alle Bereiche einer Firma zieht. In diesem Klima der Offenheit darf Kritik geübt werden. Sie ist sogar willkommen, denn nur so können sich Dinge positiv verändern.

Vater und Sohn Carl Elsener haben mir in vielen Gesprächen gezeigt, dass ihre traditionellen Werte einen tiefen Sinn haben, auch wenn sie in der heutigen Geschäftswelt oft als überholt betrachtet werden. Diese hindern sie jedoch nicht daran, innovativ und weltoffen zu sein. Grosse Worte liegen ihnen nicht. Sie wirken einfach, ohne gewöhnlich zu sein. Ihrer ruhigen, klaren Ausstrahlung kann sich kaum jemand entziehen. Das öffnet Türen und schafft Vertrauen. Leitende Angestellte, die vorher in anderen renommierten Firmen gearbeitet haben, bestätigen diesen Eindruck. Sie berichten von einem einmaligen Arbeitsklima und gegenseitigem Vertrauen. Hier sind Höchstleistungen möglich, weil sich starke Teams auf das Wesentliche konzentrieren.

Die Firma ist sein Leben

Der Seniorchef wurde 1922 geboren und blickt auf 69 Dienstjahre zurück. Die Firma ist sein Leben. Er liebt es überhaupt nicht, wenn er als «Carl der Dritte» bezeichnet wird. Das klingt nach blaublütigen Dynastien, die fern vom Volk in Luxus leben. Eine solche Einstellung hat nichts mit seinem Lebensstil zu tun, der einfach und bescheiden ist. Zusammenarbeit ist ihm wichtig. Personenkult hat in seinem Leben nichts zu suchen, obwohl er von vielen seiner Angestellten verehrt wird. Eines seiner Hauptanliegen ist neben hervorragenden Produkten die Erhaltung der Arbeitsplätze. Darin unterscheidet er sich kaum vom Vater und Grossvater. Auch sein Sohn Carl (4) trägt dieses Erbe weiter. Dass eine Unternehmerfamilie in der vierten Generation immer noch erfolgreich ist, ist nicht selbstverständlich. Gemäss Cuno Pümpin, Professor an der Universität St. Gallen, erleben zwei Drittel aller Familiengesellschaften den Übergang von der ersten zur zweiten Generation. Den Sprung in die dritte Generation meistert dagegen nur noch ein Drittel, und bis zur vierten schaffen es gerade mal 16 Prozent. Die mittlere Lebensdauer eines Familienunternehmens beträgt nur 24 Jahre (Schweizer Handelszeitung vom 7.7.1999). Carl Elsener (3) und sein Bruder Eduard repräsentieren die dritte Generation in der Firma. Auch unter der jetzigen Leitung von Carl Elsener (4) sind die alten Werte wichtig. Sie verbinden sich mit innovativem Denken und einer Weltoffenheit, welche von allem Anfang an für die Firma typisch war. Bei so vielen Generationen und vier Carls, wobei sich der Firmengründer mit «K» schrieb, ist eine Nummerierung vielleicht doch sinnvoll.

Karl Elsener (1)

Wichtige Dinge aus der Unternehmensgeschichte erfuhr Carl Elsener (3) oft spät, weil kein Aufhebens darum gemacht wurde. Die Eltern waren schweigsam und erzählten kaum Persönliches. Das prägte ihn. Auch er ist kein Mann der vielen Worte. Das Erreichte spricht für sich selbst. Seinen Grossvater und Firmengründer lernte er leider nicht kennen, weil der bereits 1918 im Alter von 58 Jahren gestorben war. Man erzählte ihm, dass Karl Elsener (1) ein liebenswerter Mann gewesen sei, der an schönen Sonntagen oft Ausflüge mit seinen Kindern, den Nichten und Neffen und Nachbarkindern unternommen hatte. Doch seine Freizeit war knapp bemessen gewesen. Man hatte Karl als unermüdlichen Schaffer gekannt, der von allem Anfang an Qualitätsarbeit geleistet hatte. Seine Werkstatt hatte er 1884 eröffnet. Ein Jahr später hatte er die Schwyzerin Josefa Holdener geheiratet. 1886 kam der Stammhalter Carl zur Welt, dem noch sieben weitere Kinder folgen sollten. Der junge Unternehmer hatte bald einen ausgezeichneten Ruf. Kein Wunder wurde er in den Kantonsrat gewählt. Die wirtschaftliche Situation in der Schweiz war damals von Arbeitslosigkeit geprägt. Viele Bauernsöhne wanderten nach Australien oder Amerika aus und hofften dadurch bitterer, Armut zu entgehen. Karl Elsener dachte nicht daran, sich mit dieser Situation abzufinden. Es musste doch möglich sein, weitere Arbeitsplätze zu schaffen. Einer der grossen Auftraggeber jener Zeit war die Schweizer Armee. Vor allem die Sattlermeister profitierten davon. Aufträge für Schweizer Messerschmiede gab es noch nicht. Wenn doch, gingen sie ins deutsche Solingen, wo die grossen Mes-

serfabriken lagen. Bis anhin war nur ein starker Schraubenzieher an die Schweizer Soldaten abgegeben worden, damit sie ihr Gewehr zerlegen und reinigen konnten.
Als Karl Elsener hörte, dass die Schweizer Armee einen Auftrag für ein Soldatenmesser vergeben wollte, gründete er 1890 den Verband der Schweizer Messerschmiedemeister mit dem Ziel, diesen Auftrag zu bekommen und gemeinsam auszuführen. Im Alleingang hätte er ihn nicht bewältigen können. Der Bundesrat beschloss tatsächlich, diesen Auftrag in der Schweiz ausführen zu lassen. Das war ein wichtiger Erfolg für den jungen Unternehmer.
Bereits 1891 erfolgte die erste Lieferung Soldatenmesser an die Armee. Karl Elsener konnte seinen Betrieb erweitern und 1892 auf dreissig Personen erhöhen. Doch dann offerierte eine deutsche Firma das Messer für nur einen Franken, was deutlich billiger war. Die Verbandsmitglieder weigerten sich, zu diesem Preis zu produzieren. Schlussendlich stand Elsener alleine da. Wohl oder übel musste er die Messer zum selben Preis wie die deutsche Konkurrenz liefern. Er hatte zu viele Vorbereitungsarbeiten gemacht, um sich jetzt noch zurückzuziehen. Auch wollte er seine Leute nicht entlassen. Die Situation wurde so schwierig, dass er sein ganzes Vermögen verlor. Die Gebrüder Amgwerd gewährten ihm ein Darlehen, das ihm ermöglichte, durch eine Nachlassstundung den Konkurs abzuwenden. Nach einem Konkurs durfte damals kein zweites Mal ein Geschäft eröffnet werden. Aus der Notsituation heraus entwickelte der Firmengründer Karl Elsener seine genialste Idee, das leichtere sechsteilige Offiziers- und Sportmesser. Neu waren eine kleine Klinge und ein

Korkenzieher. Das Messer entwickelte sich zum Verkaufsschlager, obwohl es nie von der Schweizer Armee bestellt worden war. Doch die Nachfrage von Privatleuten und Armeeangehörigen war so gross, dass Karl Elsener das Darlehen später zurückzahlen konnte. Auch allen anderen Gläubigern und Lieferanten, die durch den Nachlass auf die Hälfte ihres Guthabens verzichtet hatten, gab er das Verlorene mit Zins und Zinseszinsen zurück, obwohl er nicht dazu verpflichtet gewesen wäre. Er entwickelte weitere Messer, denen er immer spezielle Namen gab. So entstanden Schülermesser, Kadettenmesser oder Bauernmesser.
Ab 1901 beteiligte sich eine Messerfabrik aus dem jurassischen Courtételle an der Produktion des Schweizer Armeemessers, die spätere Wenger S.A. Karl Elsener respektierte diesen Mitstreiter, der gute Arbeit leistete. Über Generationen sollten die Firmen in einem gesunden Wettstreit miteinander stehen, der sie gegenseitig zu Höchstleistungen anspornte. Seit 2005 gehört die Firma Wenger zur Victorinox. Doch sie darf weiterhin ihren eigenen Charakter behalten.

Bereits im Verkaufsprospekt aus dem Jahre 1903 erstaunt die breite Auswahl an Taschenmessern. Es gab sie mit Schalen aus Horn, Fiber oder Ebenholz. Die Werkzeuge waren vielfältig. Abgesehen von den normalen Messerklingen, Dosenöffnern, Schraubenziehern, Ahlen und Korkenziehern gab es Modelle mit Scheren, Sägen und vielen Spezialklingen für unterschiedliche Berufsgattungen.
1909 wurde die Firma 25 Jahre alt. Als Jubiläumsbeitrag kennzeichnete Karl Elsener sein Offiziersmesser mit dem

eingelegten Kreuz und Schild. Damit wollte er sich auch von deutschen Nachahmern unterscheiden, die seine Modelle kopierten. Im selben Jahr liess er dieses Emblem gesetzlich schützen. Er hätte sich wohl nicht träumen lassen, dass es hundert Jahre später in mehr als 130 Ländern als Markenzeichen eingetragen sein würde. Ebenfalls 1909 starb seine Mutter Victoria, welche eine unglaublich tüchtige Frau gewesen war. Im Andenken an sie stempelte er seine Produkte mit «Victoria». Dieser Name und sein handwerkliches Geschick brachten Karl Elsener Glück. Die Victoria-Messer holten immer wieder goldene und silberne Medaillen an Ausstellungen und wurden auf dem Gebiet der Messerfabrikation bald zum Inbegriff schweizerischer Qualität und Präzisionsarbeit.

Carl Elsener (2)

Auch Carl Elsener (2) begeisterte sich für die Messerfabrikation. Nach seiner Ausbildung in Ibach bei seinem Vater arbeitete er während zwei Jahren bei einem Messerschmied in Clermont-Ferrand in Frankreich. Als der Vater 1918 starb, übernahm er zusammen mit seinem Bruder Alois den Betrieb. Die Wirtschaftslage nach dem Ersten Weltkrieg war schwierig. Die beiden Brüder überlegten sich, wie sie den Absatz ihrer Messer steigern könnten. Wenn es ihnen gelingen würde, einen rostfreien Stahl für Messer zu entwickeln, könnte dies den Verkauf positiv beeinflussen. Maria Stamm-Zacchia, die vor ihrer Heirat als Sekretärin im Betrieb gearbeitet hatte, erzählte Jahrzehnte später, dass Carl Elsener (2) tatsächlich den rostfreien, härtbaren Stahl erfunden habe. Sie hatte

die Korrespondenz zwischen ihm und dem Stahlwerk Böhler geschrieben. Es gab bereits rostfreien Stahl, der für Kochgeschirre, Spültröge, Löffel und Gabeln verwendet wurde. Doch er liess sich nicht härten. Die Messer aus härtbarem Kohlenstoffstahl mussten zusätzlich verchromt werden, damit sie nicht rosteten. Carl Elsener wünschte sich jedoch einen rostfreien, härtbaren Stahl. Das Stahlwerk fertigte in seinem Auftrag Labormuster an, welche in Ibach gehärtet und zu Messern verarbeitet wurden. Es brauchte viele Versuche, bis die Qualität überzeugte. Ab 1921 begannen die Gebrüder mit der Produktion rostfreier Messer. Diese kamen bei der Kundschaft gut an und verbesserten die Auftragslage. Damals entstand auch der Firmenname «Victorinox», der sich aus dem früheren Namen «Victoria» und neu «Inox» zusammensetzt. «Inox» leitet sich vom französischen Wort «inoxydable» (rostfrei) ab.
1920 im Alter von 34 Jahren heiratete Carl Elsener (2). Seine Braut Elise Gut war bei der Heirat 20 Jahre alt. Von allem Anfang an begeisterte sie sich für den Betrieb ihres Mannes und setzte sich mit allen Kräften dafür ein. Dies ging so weit, dass sie trotz ihrer sieben Kinder immer im Büro tätig war. Ihre ledige Schwester Rosli kümmerte sich um die Kinder und den Haushalt. Diese Arbeitsteilung funktionierte hervorragend und kam beiden Frauen sehr entgegen.

Carl Elsener (3)

Carl kam 1922 als erstes Kind zur Welt. Er wuchs zusammen mit seinen sechs Geschwistern in einfachen Verhältnissen auf. Sie wohnten im 400 Jahre alten Elsener-Haus, welches am Tobelbach in Ibach steht. Früher war es eine Mühle mit Wasserrad gewesen. Aus diesem Grund hatte der Grossvater das Haus gekauft und dort seine Werkstatt eröffnet. Das alte Wasserrad, welches damals die Schleif- und Poliermaschinen angetrieben hatte, war in Carls Jugend längst verschwunden und durch eine Turbine ersetzt worden. Im Untergeschoss des Hauses waren die Stanzerei, die mechanische Werkstatt und die Werkzeugmacherei untergebracht. Im oberen Erdgeschoss lagen der Verkaufsladen, das Messerlager, die Spedition und ein kleines Büro. Die privaten Räume der Familie befanden sich gleich daneben und im oberen Stockwerk. Privates und Geschäftliches war so nicht leicht zu trennen. Die Wohnstube diente zugleich als Büro der Eltern. Es gab kein Bad und die Toilette hatte keine Wasserspülung. Carl Elsener erinnert sich an ein Schlafzimmer, dessen Boden über zehn Zentimeter Gefälle hatte. Das Buchhaltungszimmer war so niedrig, dass der hoch gewachsene Buchhalter, Adolf Suter, kaum darin stehen konnte. Carls Onkel, Walter Gut, übernahm dessen Stelle ab 1931. Zum Glück war er kleiner und konnte sich ungehindert bewegen.

Maria Elsener-Steiner, die der verwitwete Grossvater sechs Jahre vor seinem Tod geheiratet hatte, war eine liebenswürdige Gotte für den kleinen Carl. Sie beschenkte ihn jeweils reich an Weihnachten. Das beeindruckte ihn, weil das Weihnachtsfest sonst sehr bescheiden ausfiel. Schon als kleiner Bub kannte er den Betrieb wie seine Hosentasche. Tagtäglich hörte er den Klang der Schmiedehämmer, das Schleifen und Polieren oder den Lärm der Stanzmaschinen. Es roch nach Metall, Maschinenöl und nach exotischen Hölzern, aus denen die Messergriffe gefertigt wurden. Im Erdgeschoss des Nachbarhauses waren die mächtigen Schleifsteine mit anderthalb Meter Durchmesser und einige Poliermaschinen untergebracht, das Reich von Abteilungschef Alois Niederöst. In der Messerreparatur-Werkstatt gleich nebenan wirkte Franz Knorr, ein betagter Messerschmied aus Österreich. Die oberen Wohnungen des Nachbarhauses waren vermietet. Dann gab es noch das Werkstattgebäude neben dem alten Vaterhaus. Dort lag im unteren Erdgeschoss die Ätzerei mit Abteilungschef Martin Nölly. In der Abzieherei gleich darüber wirkte Josef Ehrler als Abteilungschef. Anna Schmidig arbeitete dort als langjährige Abzieherin. Die Schmiede mit zwei Fallhämmern, einem Lufthammer und einem Vierschlaghammer war in einem Holzgebäude untergebracht. Alois Koller, der Abteilungschef der Poliererei, der damals grössten Abteilung, und Ernst Zaugg, der Fabrikationschef, waren die engsten Mitarbeiter von Carls Vater. Sie waren ihm immer eine starke Stütze. Neben dem Restaurant Schlüssel lag die schönste Werkstatt des Betriebs, die Heftmacherei. Sie hatte sogar einen gewichsten Boden und duftete wunderbar nach Holz und Bienenwachs. Im Anbau befanden sich die mechanische Poliererei und die Kunststoffpresse. In dieser Heftmacherei brach 1930 ein Brand aus, der durch das Beieinanderliegen von Stahlspänen und von mit Leinöl getränkten Stofflappen entstanden war. Das Feuer konnte dank der Aufmerksamkeit des Schlüsselwirts und Härtemeisters, Josef Fässler, rechtzeitig gelöscht werden. Trotzdem war es ein grosser Unglückstag. Am selben Abend starb daheim Carls

Bruder Walter an einer Lungenentzündung. Der kleine Bub war nur anderthalb Jahre alt geworden.

Der Aufenthalt in den verschiedenen Werkstätten war faszinierend für den Buben. Doch er war auf der Hut vor dem strengen Vater, der das Bibelwort «wer seinen Sohn liebt, der züchtigt ihn», allzu ernst nahm. Wenn es brenzlig wurde, flüchtete er oft zur gutmütigen Tante Rosli oder zu seiner Mutter, die den Buben nie verrieten. Auch Onkel Walter setzte sich ein, wenn der Vater ihn allzu streng bestrafen wollte. Carl Elsener (2) wollte um jeden Preis, dass sein Sohn ein tüchtiger Nachfolger im Geschäft würde. Deswegen liess er ihm kaum etwas durchgehen. Er hatte vor seiner Geburt intensiv dafür gebetet, dass der ersehnte Stammhalter alle notwendigen Talente und Fähigkeiten bekomme. Also war es kaum nur das Verdienst seines Sohnes, wenn dieser gute Schulnoten nach Hause brachte oder sich sonst als tüchtig erwies.
Meistens bewältigten die Eltern eine Siebzig- bis Neunzigstundenwoche, ohne sich je darüber zu beklagen. Der Vater war im ganzen Betrieb unterwegs, der in vielen unterschiedlichen Gebäuden untergebracht war. Seine Frau trug ihm oft eine Thermoskanne mit einem warmen Getränk hinterher, weil er kaum zu einer Pause kam.
Bereits 1928 wurde eine eigene Betriebssparkasse gegründet. 1930 war die Anzahl der Beschäftigten auf 74 Personen angewachsen. Man exportierte schon vor dem Ersten Weltkrieg Messer nach Frankreich und Belgien. Die beginnende Wirtschaftskrise machte grosse Sorgen. Mit viel Fleiss und

Sparsamkeit gelang es, die harte Zeit ohne Entlassungen durchzustehen. Der Vater liess trotz der widrigen Umstände 1931 an das alte Schmiedegebäude die weltweit erste vollelektrische Härterei bauen, deren Öfen von der Brown Boveri Company in Baden fabriziert worden waren. Dahinter stand eine Vision. Er wollte die weltbesten rostfreien Metzgermesser herstellen, und dafür war es notwendig, den Härtungsprozess genauestens ausführen zu können.

1933 trennte sich Alois Elsener von der Firma, um ein Messerschmiedegeschäft in Lenzburg zu kaufen. Er begründete diesen Entschluss seinem Bruder mit einfachen Worten: «Du hast drei Buben und ich habe zwei. Noch arbeiten wir in Frieden zusammen. Doch es könnte später Probleme geben.» Alois hatte im herrschaftlichen Vierfamilienhaus gewohnt, das an der Schützenstrasse neben weiteren Werkstätten lag und ebenfalls der Familie gehörte. Dort lebten noch zwei fremde Mieter und die Schwester von Carls Mutter, Marie Reichmuth-Gut. Die Tante hatte vor ihrer Heirat in der Spedition gearbeitet. Sie war so begeistert von der Messerfabrik gewesen, als ob das Geschäft ihr gehörte. Auch sie zog bald danach weg in ein eigenes Haus. Das eröffnete neue Möglichkeiten. Der Vater kündigte den beiden verbleibenden Mietern und liess das Haus renovieren, um es zukünftig als Wohn-, Büro- und Geschäftshaus zu nutzen. 1934 erstellte er nordseitig einen zweistöckigen Anbau für die Ätzerei, Heftpoliererei, Abzieherei, das Fertiglager und die Spedition. Im 1. Stock des Wohnhauses wurden das Büro und der Laden eingerichtet. Im gleichen Jahr feierte Carl Elsener mit seiner Belegschaft das 50-Jahr-Jubiläum der Firma. Ein feierliches Foto wurde gemacht. Die ganze Belegschaft stand ordentlich aufgereiht und zeigte sich in festlichem Gewand – die Männer in Sonntagsanzügen mit Krawatte oder in Militäruniform, die Frauen in ihren schönsten Kleidern. 92 Personen waren es, davor am Boden sitzend Carl mit den Geschwistern Elisabeth und Eduard, welche das Schild mit den Jahreszahlen hielten. 25 Jahre zuvor waren genau 25 Personen auf dem Jubiläumsbild zu sehen gewesen, alle im Arbeitsgewand und locker angeordnet, der Meister Karl Elsener(1) im ledernen Schmiedeschurz.

Mitte der Dreissigerjahre hatte Carl Elsener (2) eine Geschäftsreise durch Deutschland unternommen. Nach dieser Reise war er äusserst besorgt und sprach von drohendem Krieg. Aus diesem Grund liess er den ersten Luftschutzkeller der Schweiz errichten, in dem die ganze Belegschaft Platz finden würde. Die Familie zog nun in das renovierte Haus an der Schützenstrasse und bewohnte den zweiten und dritten Stock. Der Unterschied zum alten Elsener-Haus war riesig. Es gab ein Badezimmer und eine Toilette mit Wasserspülung. Die Küche war gross und gut eingerichtet. Auch das Büro im Wohnzimmer gehörte nun der Vergangenheit an. Trotzdem ging das Leben in alter Einfachheit weiter. Butter aufs Brot gab es nur am Wochenende. Die Kleider und Schuhe wurden von einem Kind ans nächste weitergereicht. Die Wirtschaftskrise hielt an. Vor allem die Exportindustrie verzeichnete im Laufe der Dreissigerjahre empfindliche Einbussen, zuerst wegen der im Ausland kleiner gewordenen Kaufkraft, dann zunehmend auch wegen Handelshemmnissen verschiedenster Art.

Jugendjahre

Dank einer vom Vater beantragten Bewilligung besuchte Carl von der vierten Klasse an die Schule in Schwyz statt in Ibach. Dadurch konnte der Bub jeden Tag im Laden in Schwyz vorbeigehen und die Messer zum Schleifen oder Reparieren abholen und später wieder zurückbringen. Der Laden lag im Elsener-Haus am Ochsenplatz, welches Grossonkel Domini und Onkel Balz gehörte, die Fellhändler waren. Grosstante Dora betrieb gleich neben dem Messergeschäft einen Hutladen. Nach der Schule ging Carl in den Laden und lud die Ware auf einen kleinen Leiterwagen. Für die Heimfahrt zog er die Deichsel hoch und sauste die Strasse hinab. Ein paar Mal schlitterte er haarscharf an einem Unfall vorbei, wenn plötzlich ein entgegenkommendes Auto neben einem parkierten auftauchte. Dieses kleine Fahrvergnügen war leider sein einziges. Es gab kein Geld für ein Fahrrad, welches er sich sehnlich wünschte. Viele der Schulkameraden und selbst die Nachbarmädchen fuhren Ski. Doch auch dieser Wunsch wurde nicht erfüllt. Wenigstens bekam er alle ein bis zwei Wochen zwanzig Rappen Taschengeld, von dem er sich meistens gedörrte Kastanien kaufte. Diese hielten viel länger vor als Schokolade. Oft schämte er sich für seine geflickten Kleider. Viele der Mitschüler kamen ganz anders daher. Dafür glänzte er mit guten Noten.

1936, als er als 14-jähriger Schulbub nach Hause kam, fand er seinen Vater im Gespräch mit einem fremden Geschäftsmann. Richard Forschner war Generalvertreter für Metzgereibedarf in Amerika. Auf dem Tisch breitete er mehr als zwanzig Metzgermesser aus und verlangte eine Offerte für solche Modelle. Mit Nazi-Deutschland wolle er keinen Handel mehr treiben. Der Anblick dieser Messer hatte sich dem Vater und seinem Sohn für immer eingeprägt, denn in diesem Moment begann eine ausgezeichnete und freundschaftliche Geschäftsbeziehung, welche für die Victorinox vieles veränderte. Selbst in den kühnsten Träumen hätte sich Vater Elsener nicht vorgestellt, dass er eines Tages in diesem Ausmass und bis nach Amerika Messer verkaufen würde. Natürlich gab es einige Probleme, welche eine schnelle Lösung verlangten. Die Fabrikation war klein und es mussten Wege gefunden werden, um die gewünschten Messer rationell, schnell und trotzdem in bester Qualität herstellen zu können.

Die Sekundarschule besuchte Carl (3) im Kollegium. Wie in der Primarschule begann jeder Schultag mit einer Heiligen Messe. Er hatte gute Professoren und setzte sich als Klassenchef für seine Mitschüler ein. Nach der Sekundarschule brachte ihn der Vater persönlich ins Institut Catholique des Jeunes Gens in Neuchâtel. Wenn Carl Elsener (3) heute zurückblickt, empfindet er seine Schuljahre als wunderschöne, glückliche Zeit ohne grosse Belastungen. Selbst die Ferien verbrachte er in Neuchâtel und konnte dank dieses zusätzlichen Französischunterrichts eine Klasse überspringen. Nach Weihnachten durfte Carl eine weitere Klasse auslassen, wohl weil er sich mit einem französischen Mitschüler befreundet hatte und die Sprache so schneller lernte. Nach einem Jahr schloss er die Schule mit einem Handelsdiplom ab. In dieser Zeit war er sich keineswegs sicher, ob er in die

Firma eintreten oder Missionar werden sollte. Er betete viel und versuchte die richtige Entscheidung zu finden. Nach einigem Hin und Her entschied er sich für die Firma. Sein jüngerer Bruder Adolf wählte den anderen Weg und wurde Missionar. Seine Schwester Annemarie entschied sich für das Kloster.
Wieder daheim in Ibach spürte er die allgemeine Kriegsangst. Der Vater hatte bereits 1936 die Wehranleihe unterstützt. Er hielt auch Mitarbeiter dazu an, einen Teil ihrer Ersparnisse der Landesverteidigung zur Verfügung zu stellen. Die Geschäfte liefen schlecht. Deutschland exportierte Messer zu billigen Preisen und setzte die Victorinox stark unter Druck. Der Reichswirtschaftsminister von Adolf Hitler, Dr. Hjalmar Schacht, war auf Devisen angewiesen. Aus diesem Grund war die Konkurrenz aus Solingen von 1933 bis 1939 gnadenlos hart, weil sie 15 Prozent Exportprämien erhielt. Zum Glück bekam die Victorinox kurz vor Kriegsbeginn einen Militärauftrag von Oberst Mühlemann für das Schweizer Bajonett und das Sägebajonett.
Die Guillochiermaschine aus der Westschweiz traf in Ibach ein, als Carl Elsener aus dem Institut heimkehrte. Mit dieser Maschine liessen sich Verzierungen in die Metallschalen der Messer ritzen. Als eine seiner ersten Aufgaben nahm er sie in Betrieb und zeigte der Nachbarin Marie Blaser die Bedienung. Im Neubau der Heftmacherei mussten zwei Paar neue halbautomatische Poliermaschinen in Betrieb genommen werden. Leider waren die Resultate enttäuschend, was sich erst nach einem Umbau verbesserte. Bald danach wurde eine hydraulische Fünfzigtonnenpresse aus Deutschland

mit zwei Heiz- und zwei Kühlplatten geliefert, mit der Hornschalen und vor allem die Celluloidschalen für die Offiziersmesser gepresst werden konnten. Diese ersetzten die früheren Fiberschalen. Bis die Schalen zwischen den Heiz- und Kühlplatten fertig gepresst waren, brauchte es viel Geduld. Carl nutzte diese Zwischenzeiten um englische Vokabeln zu lernen. Für die Handelsbeziehungen mit Amerika konnte das nur von Nutzen sein.

Die Befürchtungen waren bittere Wirklichkeit geworden. Der Zweite Weltkrieg war ausgebrochen und die Angst vor einem deutschen Angriff war gross. Ab 1940 gab es in der Victorinox eine Betriebswehr, wie sie in fast allen Schweizer Fabriken existierte. Alle Männer ausserhalb des wehrdienstpflichtigen Alters bekamen ein Gewehr von der Armee und mussten damit üben. Zudem wurden von allen Schweizer Fabriken spezielle Verteidigungspläne verlangt. Die Maschinen sollten auf keinen Fall den Feinden in die Hände fallen. Also wurde genau geplant, wie man sie im Ernstfall ohne Zerstörung unbrauchbar machen konnte. Der Verlust wäre sehr schmerzlich gewesen. Es steckte so viel Entwicklung und Knowhow in jeder einzelnen Maschine.

Albert Rohrer, 1929, pensionierter Werkzeugbauer

Maschinen und Werkzeugbau waren ein Berufsleben lang seine Welt. Mit 15 Jahren kam Albert Rohrer bereits in die Victorinox und erlernte den Beruf des Werkzeugmachers. Für kurze Zeit arbeitete er anderswo. Doch er kehrte zurück. Die Lehre mit eingerechnet brachte er es auf fünfzig Dienstjahre. In diesen fünfzig Jahren veränderte sich seine Arbeit grundlegend. Zu Beginn seiner beruflichen Laufbahn waren am Schraubstock die Feile und der Meissel die Hauptwerkzeuge, aber auch einfache Maschinen standen zur Verfügung. Die Werkzeuganfertigung war eine handwerkliche Herausforderung, das Meisseln der Formen in die Schmiedegesenke beinahe Bildhauerarbeit. Durch Anschaffung modernster Werkzeugmaschinen wurde die Handarbeit weitgehend abgelöst. Bemerkenswerte Fortschritte erreichte man durch die damals neueste Bearbeitungstechnik mit Erodiermaschinen. Zu Beginn der Neunzigerjahre haben elektronisch gesteuerte Werkzeugmaschinen die Werkstattarbeit nochmals positiv verändert. Bei den Konstruktionsarbeiten wurde das Zeichenbrett vom CAD-Bildschirm verdrängt.

Nirgendwo in der Firma spürte man den technischen Fortschritt so stark wie im Werkzeugbau. Der Berufsname Werkzeugmacher ist irreführend, geht es doch nicht um die Herstellung von Hammer, Zange etc. Es war und ist ein Beruf mit vielen Gesichtern, die sich ständig verändern. Der Arbeitsbereich beinhaltet die Fertigung von Schnittwerkzeugen, Schmiedegesenken, Spritzgussformen und Arbeitsvorrichtungen aller Art sowie Optimierung von handelsüblichen Maschinen bis zur Herstellung von Spezialmaschinen. Der technische Fortschritt führte zu einer rationellen Fabrikation. Machte man in den Fünfzigerjahren hundert, zweihundert Stück von einem Artikel, produzierte man Jahrzehnte später Tausende in beinah derselben Zeit. Doch dieses Tempo entwickelte sich nicht von einem Jahr zum anderen. Albert Rohrer erinnert sich an das allgemeine Staunen in der Werkstatt, als zum ersten Mal ein ganzer Kübel voll gleicher Teile in kurzer Zeit maschinell hergestellt werden konnte.

Als nach dem Zweiten Weltkrieg vor allem der amerikanische Markt immer stärker nach Messern aus Ibach verlangte, suchte man nach technischen Lösungen. Die Maschinen mussten schneller werden. Der Werkzeugmacher konnte die Maschine fordern. Aber die Maschine forderte auch den Menschen und seinen Erfindungsreichtum. Es hatte seine Vorteile, der führende Hersteller von Taschenmessern zu sein. Das verlangte jedoch viel eigene Entwicklungsarbeit. Carl Elsener(3) reagierte jeweils recht schnell, wenn neue Technologien auf den Markt kamen. Aber er beschaffte nur qualitativ überzeugende Maschinen und andere Betriebsmittel und investierte auf gesunde Art und Weise.
Meistens kamen Vorschläge für ein neues Produkt vom Chef oder vom Verkauf. Fristen wurden für die Entwicklung gesetzt. Es folgten Überlegungen zum Herstellungsverfahren und die hierfür benötigten Werkzeuge und Maschinen. Die Planung verlief meistens ohne grosse Probleme. Der Chef war technisch sehr versiert und redete die gleiche Sprache wie seine Angestellten. Wenn sich das neue Produkt gut verkaufte, folgte der nächste Schritt. Die Produktion wurde optimiert oder automatisiert. Die Globalisierung zwang mehr und mehr dazu, rationell und schnell zu arbeiten.
Die Werkzeuge ermöglichten höhere Leistungen und erzeugten einwandfreie Produkte bei einer sparsamen Materialverwendung. Eingebaute Überwachungssysteme verhinderten

fehlerhafte Werkstücke. Man achtete auf qualitativ hochstehendes Rohmaterial. Alle diese Vorkehrungen machen den feinen Unterschied zwischen Qualität und billigen Kopien aus. Fast jedes Werkzeug eines Taschenmessers verlangt andere Herstellungsverfahren. Messer werden anders gehärtet und geschliffen als beispielsweise Schraubenzieher oder Scheren. Für die verschiedensten Arbeitsvorgänge bis zur Endmontage sind vom Werkzeugmacher eine beträchtliche Anzahl Betriebsmittel herzustellen. Es fliesst viel Knowhow zusammen, bis ein Messer vorliegt, das bis ins letzte Detail den Kundenwünschen entspricht.

Albert Rohrer ist stolz darauf, dass er bei der Entwicklung vieler inzwischen weltbekannter Messer mit dabei war. Das Tüfteln gefiel ihm, dieses Schleifen an einer Idee, bis sie handfeste Realität wurde. Beim Multitool erinnert er sich an den Aufwand, bis die ersten Modelle gestanzt, gefräst, gehärtet und geschliffen waren. Nur schon die kleine Schere war eine grosse Herausforderung.

Heute stehen im Betrieb modernste Computer, die Werkzeuge in einer Perfektion herstellen, von der man früher nur träumen konnte. Albert Rohrer steht davor und stellt fest, dass sich in den fünfzehn Jahren seit seiner Pensionierung unglaublich vieles geändert hat. Mit der Anschaffung einer Lasermaschine sind die modernen Betriebsmittel noch markant erweitert worden. Doch das ist nur eine von vielen Neuerungen. Albert Rohrer ist nach wie vor begeistert. Er hatte nie Mühe mit neuen Entwicklungen. Sein Sohn Walter ist ebenfalls für die Victorinox tätig, auch er in der Konstruktion. Vater und Sohn fachsimpeln gerne zusammen und so ist er über die Pensionierung hinaus über Neuerungen informiert. Fasziniert blickt er auf den Bildschirm des Computers und verfolgt eine Neukonstruktion, die ganz ohne Handarbeit auskommt. Maschinen fertigen Werkzeuge, die ihrerseits Teile neuer Maschinen sein werden. Doch es braucht immer noch einen erfinderischen Geist, der alles steuert.

Fabrikneubau 1943

Die Aufträge nahmen in diesen Jahren stark zu, weil die Fabrikation in den übrigen europäischen Ländern fast zum Erliegen gekommen war. 1941 liess Carl Elsener (2) auf der Südseite des Geschäftshauses einen Anbau erstellen, weil die Büroräume nicht mehr genügten. Zusätzlich wollte er den Betrieb vergrössern und plante eine einstöckige Werkstatt zwischen Tobelbach und Nachbar Blaser. Doch der Fabrikinspektor Werner Sulzer aus Zürich riet davon ab, weil der Betrieb bereits in acht verschiedenen Gebäuden untergebracht war. Ein einziges grosses Fabrikgebäude würde seiner Ansicht nach viel mehr Sinn machen. Das leuchtete ein. Aber der Vater fürchtete, dass nach Kriegsschluss, wie nach dem Ersten Weltkrieg, die ausländischen Aufträge annulliert würden. Er fragte seinen Sohn um seine Meinung. Der damals 19-Jährige war optimistisch und wünschte den Neubau. Der Vater überlegte hin und her. Er wollte kein zu grosses finanzielles Risiko eingehen. Doch die Werkstätten waren inzwischen zu klein, um die vielen Aufträge zu bewältigen. Das Erbe von Tante Helene Naudascher-Elsener aus Bulgarien rettete die Situation. Die zu erwartende Schuldenlast durch den Neubau würde so ein Stück weit verringert. Helene war

eine jüngere Schwester des Firmengründers Karl Elsener (1). Diese liebenswerte und sozial denkende Frau vermachte einen Teil ihrer Granitoid-Aktien an ihre Verwandten in Schwyz. Die Zementfabrik Granitoid, welche Helenes Mann Eduard Naudascher in Bulgarien aufgebaut hatte, war äusserst erfolgreich gewesen. Dort hatten auch Helenes Neffen Hans und Anton Elsener Arbeit gefunden. Sie war der Meinung, zwei der vier Brüder würden als Nachfolger für die kleine Messerschmiede ihres Bruders genügen. Zum Glück hatte Helene vor ihrem Tod 1938 einen Teilbetrag des Erbes nach Schwyz überwiesen. Die bulgarische Firma wurde 1945 von den Russen verstaatlicht, was die Aktien nahezu wertlos machte.
Das Erbe hatte es dem Vater 1939 ermöglicht, die Liegenschaft Mühlematt zu kaufen. Das war ein Glücksfall, denn sie lag unmittelbar neben dem Wohnhaus und dem Fabrikanbau zwischen Schützenstrasse und Schmiedgasse. Auf diesem Areal wurde nun der Fabrikneubau geplant. Carl Elsener (2) gelang es, die Rekrutenschule seines Sohns um ein Jahr zu verschieben, damit er selber die Projektskizzen für den Neubau erstellen konnte. Mit grosser Begeisterung machte er sich ans Werk und zeichnete das Projekt mit den kompletten Layouts der Maschinen. Er plante den Neubau so, dass genügend Platz für spätere Fabrikerweiterungen blieb. Der Bautechniker Wassermann aus Zürich erstellte die detaillierten Baupläne und die Formulare für die Preisofferten. Zufälligerweise erfuhr der Vater, dass die Schwyzer Baumeister an einer gemeinsamen Sitzung beschlossen hatten, die Offerten für die Baukosten hoch zu halten und sich gegenseitig nicht zu unterbieten. Das kränkte Carl Elsener (2) so sehr,

dass er eine Offerte von der Firma Brunner in Zürich einholte. Diese Firma konnte ihm auch ein kleines Zementkontingent zuweisen, welches in den Kriegsjahren schwer zu bekommen war. Leider war die Zementzuteilung trotzdem so knapp, dass die wegen des schlechten Baugrunds tiefen Fundamente mit Natursteinen hergestellt werden mussten. Es gab auch keine Betondecken, sondern Hurdis-Decken mit einer geringen Nutzlast von 500 bis 1000 Kilogramm pro Quadratmeter.
Vor dem Neubau schlug Carl (3) seinem Vater vor, mit dem Elektrizitätswerk Schwyz (EWS) günstige Strompreise auszuhandeln. Dieser Einsatz eines Zwanzigjährigen beeindruckte Alfred Heussi vom EWS so sehr, dass er der Firma Victorinox weitgehend entgegenkam. Leider rückte die Rekrutenschule immer näher, so dass Carl oft bis drei Uhr morgens hinter seinen Plänen sass. Er wäre viel lieber in Ibach geblieben und hätte weiter gearbeitet. Trotzdem erfüllte er seine Wehrpflicht, obwohl er den Dienst wegen Problemen bei Eilmärschen hätte abbrechen können. Daheim sorgte der Aushub-Bagger der Firma Lehmann für eine Sensation. Noch nie war im Talkessel Schwyz ein so moderner, grosser Bagger zum Einsatz gekommen.
Neugierige umstanden die Baugrube und staunten über die Leistung der gewaltigen Maschine.
Die Feinplanung der elektrischen Installationen durfte Carl Elsener (3) nach der Rückkehr aus dem Militärdienst selbst ausführen. Das EWS hatte ihm die Erlaubnis dazu erteilt. Es gab ihm das Büchlein «7 Formeln genügen». Damit verschaffte er sich die nötigen Kenntnisse über elektrische Installationen und Steuerungen. Als er zusammen mit Alois

Rickenbacher eine Poliermaschine über die Anschlussstelle setzte, wurde durch den Sockel die Isolation eines elektrischen Drahtes beschädigt. Die Maschine geriet unter Strom, die beiden Männer verkrampften sich und schrien laut. Der Elektriker unten in der Trafostation, der eben den Strom ins Netz einschaltete, hörte diese typischen Schreie und schaltete den Strom sofort wieder aus. Sie hatten riesiges Glück und überstanden den Zwischenfall ohne körperliche Schäden. In jener Zeit gab es im Talkessel Schwyz nur wenige Betriebselektriker. Deswegen blieb diese Aufgabe für drei Jahre an Carl hängen.

Die Planung der Zentralheizung war ebenfalls eine grosse Herausforderung für den jungen Carl Elsener (3). Er wusste, dass die Verbrennung von Kohle, Holz oder Öl in einem Heizkessel den besten Wirkungsgrad bei etwas mehr als 80° C erreicht. Beim Einschalten der Heizung sollte kein kaltes Wasser durch den Kessel fliessen. Damals gab es noch keine automatischen Steuerungen, welche ein Absinken der Temperatur im Heizkessel unter 80° C verhinderten. Carl wollte trotzdem eine solche Steuerung haben und suchte eine Firma, welche die Heizung nach diesen Kriterien baute. Josef Ulrich von Küssnacht, der die Anlage einrichten sollte, liess nach diesen Vorgaben eine Steuerung durch Landis&Gyr in Zug in kürzester Zeit neu entwickeln.
Die Arbeitsbedingungen in der neu erbauten Fabrik mit ihren grossen, hellen Räumen waren um vieles besser. Die langen Wege von einer Werkstatt zur anderen erübrigten sich jetzt. Arbeitsabläufe konnten effizienter gestaltet werden. Es war

auch genügend Raum eingeplant, um Erweiterungen vorzunehmen. Der Direktor einer englischen Messerfabrik war höchst verblüfft über die weissen Wände und Decken und sagte, dass ihm daheim keiner glauben werde, dass eine Messerfabrik so hell sein könne. Doch nicht nur die Räume waren vorbildlich. 1943 führte Carls Vater eine Pensionskasse für alle Angestellten ein. Es störte ihn, dass nur Staatsangestellte eine gute Pension erhielten.

1942 trat Carls jüngerer Bruder Eduard in den Betrieb ein. Er war eher der Techniker und liebte es, in der Fabrikation zu arbeiten. Carl kümmerte sich vermehrt um Administratives. Er machte das gerne und war zudem ein Allrounder, der den Betrieb bis in die hinterste Ecke kannte. Oftmals brauchte es seinen Erfindergeist. Während der Kriegszeit war vieles nicht erhältlich, darunter auch die Schleifzylinder, die es zum Schleifen der Messerklingen brauchte. Gemeinsam wurde nach einer Lösung gesucht. Zum Glück gab es ein Buch, in dem die verschiedenen Schleifscheiben-Fabrikationsmethoden beschrieben wurden. So konnten die Brüder selbst Schleifzylinder mit Magnesit-Bindung herstellen.
Auch das Feinstanzen bereitete Mühe. Zwei Repassierpressen von der ESSA Biel bedeuteten schon eine gewisse Verbesserung. Dank ihrer Hilfe konnten die gestanzten Teile etwas verfeinert werden. Aber sie genügten noch nicht. Die Firma Schiess in Lichtensteig im Toggenburg hatte Maschinen, deren Patent 1943 ausgelaufen war. Es wäre jedoch viel zu teuer und zu kompliziert gewesen, die Taschenmesser-

teile dort feinstanzen zu lassen. So studierten die beiden Brüder die Patentschrift. Carl (3) ging nach Lichtensteig, um dort aus dem Abfallhaufen ausserhalb der Firma zwei Abfallstücke zu holen. So konnte er sicher sein, dass er die Patentschrift richtig interpretiert hatte. Die Feinstanzmaschinen hatte er jedoch nie gesehen. Danach berieten sie sich miteinander, wie sie die Maschine konstruieren könnten. Carl entwarf eine Skizze der hydraulischen Presse und ging damit zur Firma von Roll, welche die Maschine baute. Damit liessen sich auch die Schleifscheiben pressen, die anschliessend in einem selbst gebauten Ofen gebrannt wurden. Das Feinstanzen hielten sie streng geheim, um der Firma Schiess auf keinen Fall einen Schaden zuzufügen. Später stellte die Firma Feintool in Lyss Feinstanzpressen her, welche die primitiven Pressen der Victorinox ersetzten.

Hans Brändli, 1932, pensionierter Werkzeugmacher

Im Herbst 1947 fragte der damals 15-jährige Sekundarschüler in der Schmiede um Arbeit. Er hatte Glück und durfte gleich mit der Arbeit beginnen. Zuerst war er Hilfsarbeiter und stellte in der Montage von Hand Messer zusammen. Die Serien waren noch klein. Man fertigte vor allem Bauernmesser mit Horn- oder Fiberschalen an. Von Berlin Charlottenburg kamen ganze Hirschgeweihe, um Hornschalen daraus zu machen. Die Schalen gab es in zwei Qualitäten. Die hellen musste man anstreichen, damit sie dunkler aussahen. Die teuren Hornschalen für Tischmesser hingegen blieben bei Elise Elsener. Sie passte auf, dass das Horn für eine einzelne Messerserie gut zusammenpasste.

Zweihundert Leute waren in der Firma angestellt. Sie arbeiteten den grössten Teil im Akkord. Am Samstag wurde bis am Mittag gearbeitet. In Hans Brändlis Lohnbüchlein steht im Jahr 1947 ein Stundenlohn von 40 Rappen. Nach einem Jahr durfte Hans Brändli eine Lehre als Werkzeugmacher anfangen, die er als Zwanzigjähriger abschloss. Danach bekam er einen Stundenlohn von 2 Franken und 25 Rappen. Nach zehn Dienstjahren gab es zwei Wochen bezahlte Ferien.
Carl Elsener (2) wollte als Meister angeredet werden. Er trug ein gestreiftes Übergewand und sah damit aus wie ein Lokomotivführer. Er war ständig von einer Werkstatt zur anderen unterwegs. Der Meister war für seine Arbeiter und ihre Anliegen da, obwohl er ein riesiges Arbeitspensum bewältigte. Ständig kämpfte er um Aufträge, um die Arbeitsplätze zu erhalten. Alle waren tief betroffen, als der Meister 1950 plötzlich starb.

Die Taschenmesser verkauften sich damals noch nicht so stark. Doch man produzierte viele Tisch-, Dessert- und Früchtemesser. Die Produktepalette war recht gross und umfasste neben einer breiten Auswahl an Messern und Haushaltgegenständen auch Heckenscheren, Ausforstscheren, Sägen und Pinzetten. Abgesehen vom Armeemesser gab es vom Militär weitere Aufträge wie die Herstellung des Bajonetts. Nur schon das Schmieden und die Fertigung des Bajonettknopfs war eine komplizierte, aufwändige Arbeit, die zwölf bis dreizehn Arbeitsgänge verlangte.
Ganz am Anfang wurden selbst die kleinsten Klingen handgeschmiedet. Die ersten Stanzwerkzeuge waren eine grosse Erleichterung. Manche Klingen mussten drei Mal gestanzt

werden, bis sie einigermassen nach etwas aussahen. Feine Formen waren jedoch unmöglich. Viele Jahre später wurde die Victorinox Pionier im Feinstanzen, welches mit einer eigenen Presse gemacht wurde. Auf diese Maschinen waren sie sehr stolz. Dadurch mussten sie weniger polieren und die Arbeit vereinfachte sich wesentlich.
Anfänglich merkte Hans Brändli die Veränderungen nicht sehr stark. Sie kamen allmählich, genau wie die internationalen Aufträge. Neuentwicklungen von Taschenmessern oder anderen Produkten wurden durch Carl Elsener(3) angeregt und zusammen mit seinem Entwicklungsteam ausgeführt. Er war sehr genau und liess nicht locker, bis der Entwurf perfekt war. Es machte ihm nichts aus, mehr als zehn Mal etwas zu ändern. Doch dann stimmte jedes noch so kleine Detail.

In den Sechzigerjahren wuchsen die Mitarbeiterzahlen ständig. Bald waren es 300, dann schon 500 Angestellte. Gleichzeitig wurde die Fabrikation rationalisiert, um die Preise für die Produkte tief zu halten. Die Exporte ins Ausland nahmen ständig zu und auch im Inland herrschte rege Nachfrage. Vor allem die Taschenmesser waren jetzt gefragt. Mit der Zeit gab es Schichtarbeit. Man konnte die Maschinen so früher abschreiben und neue kaufen. Doch Neues gab es erst, wenn es auch bezahlt werden konnte. Der Platz wurde immer knapper, und es wurde auf engstem Raum gearbeitet. Für Hans Brändli wurde die Situation fast unerträglich. Die Wirtschaft boomte. Überall sonst wurde gebaut. Doch Carl Elsener wartete mit dem Neubau bis 1969. Er wollte keine Schulden machen und baute erst, als er sich das leisten konnte.

Die Victorinox hatte seit 1928 eine eigene Angestelltenkasse und ermunterte so die Mitarbeiter, etwas auf die hohe Kante zu legen. Der Zinssatz war meistens ein halbes Prozent höher als bei den Banken. Der Grossteil liess sich den Lohn nicht ganz ausbezahlen und legte gleich etwas auf das Sparkonto. Den Zahltag bekam jeder persönlich in die Hand gedrückt. Das Geld wurde bar in Schwyz auf der Bank geholt. Wahrscheinlich war es ein Büroangestellter, der mit der Vespa dorthin fuhr. Danach wurde das Geld abgezählt und in die Lohntüten abgefüllt. Es gab schon bald einmal eine Gewinnbeteiligung für jeden Angestellten. Hans Brändli schüttelt den Kopf, wenn er an das Risiko solcher Lohngeldtransporte denkt. Doch es passierte nie etwas.

Über Umsatzzahlen wurde früher wenig bekannt. Doch in den letzten Jahren wird an der Weihnachtsfeier darüber berichtet. Hans Brändli geht gern an die Feier für die Pensionierten, zu der auch die Ehefrauen eingeladen werden. Jeder bekommt eine Weihnachtsgratifikation und ein Geschenk. Auch die Witwen ehemaliger Mitarbeiter bekommen das. Brändli betont: «In dieser Firma gibt es keine Millionenabzocker. Hier sind sie für die Belegschaft über die Pensionierung hinaus verantwortlich.»

Sein eindrücklichstes Erlebnis war sein 50-Jahr-Dienstjubiläum im Jahr 1997. Es fiel genau mit dem Besuch des amerikanischen Präsidenten George Bush senior zusammen, der unter grossen Sicherheitsvorkehrungen die Victorinox besuchte. Der Präsident zeigte sich beeindruckt, dass Arbeiter so lange in der gleichen Firma bleiben. In Amerika ist das viel weniger üblich. Er stellte Hans Brändli viele Fragen, die er sich über-

setzen liess. Der ganze Begleittross, zu dem auch lokale Politiker gehörten, musste während dieser Zeit warten. Ein solches Dienstjubiläum ist auch ohne den Besuch eines amerikanischen Präsidenten eindrucksvoll. Hans Brändli schildert einen wunderbar dekorierten Gabentisch mit Blumen und Wein. Die Musik spielte und die Mitarbeiter vom ganzen Betrieb kamen und gratulierten ihm. Darunter war auch die Geschäftsleitung. Ein solcher Tag ist unvergesslich und gräbt sich tief ins Gedächtnis ein. Es war ein guter Abschluss, denn im selben Jahr wurde Hans Brändli auch pensioniert.

Internationaler Erfolg

In den ersten Kriegsjahren wurde eine hohe Eidgenössische Kriegsgewinnsteuer eingeführt, die von anfänglich 60 Prozent bis auf 90 Prozent erhöht wurde. Dadurch blieb trotz guter Aufträge kein Gewinn übrig. Carl Elsener (3) konnte der Steuerverwaltung in Bern belegen, dass die Victorinox vor dem Krieg fast nichts verdient hatte. Die mächtige Konkurrenz aus dem deutschen Solingen hatte dank Exportprämien die bessere Ausgangslage gehabt. Zehn Fotos vom Fabrikneubau belegten weitere Probleme. Bereits jetzt zeigten sich grössere Risse in den Wänden – eine Folge des mangelnden Zements. Die Steuerverwaltung hatte ein Einsehen und erliess der Victorinox fast die gesamte Kriegsgewinnsteuer. Der damalige Treuhänder, Herr Flüeler in Zürich, war sehr überrascht über dieses Entgegenkommen.
Preisaufschläge waren in dieser Zeit verboten. Sie wurden überwacht und galten auch für die Exporte. Carl Elsener (3) wollte bei der Preiskontrolle ein Gesuch einer Preiserhöhung

von 15 Prozent eingeben. Sein Vater sprach sich für nur fünf Prozent aus, was nicht gereicht hätte. Zum Glück setzte sich der Sohn durch. Die Anfrage hatte Folgen. Drei Wochen lang durchleuchtete ein Kontrolleur aus Bern die Buchhaltung des Betriebs, welche mustergültig geführt war. Der Preisaufschlag wurde genehmigt. Von da an ging es endlich aufwärts und die Bankschulden für den Neubau konnten nach und nach getilgt werden. Damit die Bankzinsen möglichst tief blieben, hatte Carl Elsener (3) nach dem Neubau von sich aus die Geldflussrechnung eingeführt. Die gesamten erwirtschafteten Erträge wurden damals der Pensionskasse gutgeschrieben. Glücklicherweise hatten sich die Befürchtungen des Vaters nicht bewahrheitet. Die Aufträge waren nach Kriegsende nicht eingebrochen. Im Gegenteil! Gerade aus dem Ausland trafen doppelt so viele Anfragen ein als früher. Sie konnten sie kaum bewältigen und mussten die Anzahl der Mitarbeiter auf 199 erhöhen. Richard Forschner aus den USA war ein grosser, guter Kunde geblieben, der seine Metzgermesser nach wie vor in Ibach bestellte. Oft wurde er von seinem Sohn begleitet, der Dolmetscher für die US-Regierung war. Sie kamen gemeinsam auf eine gute Idee, wie sie auch die Taschenmesser in Amerika besser verkaufen könnten. Beim Metzgereibedarf waren diese etwas fehl am Platz. Aus diesem Grund reisten Richard Forschner junior und Carl Elsener (3) nach Nürnberg und besuchten einen PX-Laden der US-Armee, welcher ausschliesslich das Armeepersonal der US-Truppen belieferte. Die Idee, Taschenmesser zu verkaufen, kam glänzend an und führte zu einer ausgezeichneten Geschäftsverbindung, welche sich auf ganz Europa und Japan ausdehnte. Innert kürzester Zeit verkauften alle PX-Läden das «Schweizer Offiziersmesser» in grossen Mengen an ihre Offiziere und Soldaten. Die Amerikaner nannten es kurz «Swiss Army Knife». Für amerikanische Soldaten war das Taschenmesser äusserst preiswert, weil der Dollarkurs mit 4.33 Schweizer Franken sehr hoch war. So kauften sie es gleich dutzendweise als Geschenk. Das war die beste Werbung für die Victorinox, welche dadurch international bekannt und berühmt wurde. Natürlich überzeugte es nicht nur durch einen günstigen Preis, sondern auch durch hohe Funktionalität und Qualität.

1948 fürchteten konservative und kirchliche Kreise, dass die Gewerkschaft der Sozialisten in Schwyz Fuss fassen würde. Aus diesem Grund wurde die Christlichsoziale Gewerkschaft unterstützt. Funktionäre besuchten die Arbeiter der Victorinox nach Feierabend und versuchten sie zu einem Beitritt zu überreden. Carl Elsener (2) lehnte die Forderungen der Gewerkschaft ab: Er arbeitete weit über seine Kräfte hinaus, um seinen Angestellten die Arbeitsplätze zu sichern. Auch zahlte er gerechte Löhne und beanspruchte für sich selbst wenig. Die eigene Familie leistete sich nicht mehr als seine Arbeiter. Die ungerechtfertigten Angriffe der Gewerkschafter bedrückten ihn und machten ihm Sorgen. Ein vertrauensvolles und gutes Arbeitsklima war ihm wichtig.

Hans Bünter, 1928, pensionierter Personalverantwortlicher
Das Datum weiss er noch heute. Am 1. Oktober 1945 trat er, 17-jährig, in die Firma ein. Werkzeugmacher wollte er lernen.

Aber Carl Elsener (2) befand, dass er ganz gewiss ein guter Messerschmied werde. Widersprechen war zwecklos und so wurde er halt Messerschmied. Doch seine Aufgaben sollten sich im Laufe der Jahre ändern. Das Taschenmesser, welches er damals für sich selbst schmiedete, hat er immer noch. Alles ist Handarbeit, von den Klingen bis zur polierten Hornschale. In den Anfangszeiten galt die Sechstagewoche. Ferien gab es einen Tag pro Jahr.

Hans Bünter bildete sich weiter. In Abendkursen lernte er italienisch und spanisch. Später absolvierte er in Winterthur die Werkmeisterschule. Er baute in der Firma die Eingangskontrolle über alle Waren auf, die aus dem Ausland geliefert wurden. Auch war er betreffend Militärmesser in Kontakt mit der deutschen Bundeswehr und der Waffenkontrolle Bern. Nebenbei war er für 35 Personalwohnungen verantwortlich, die in den Fünfziger- und Sechzigerjahren gebaut worden waren. Da ging es nicht nur um technische Belange, sondern auch um tierische. Schmunzelnd erzählt er von einem Papagei, welcher mit seinem Geschrei sämtliche Nachbarn tyrannisiert habe. Selbst an den Wochenenden kam er nicht los von der Firma, obwohl das keiner von ihm erwartete. Oft machte er einen kleinen Rundgang über das Firmenareal und sorgte dafür, dass alles in Ordnung war.

Mehr und mehr Aufgaben wuchsen ihm zu. So war er auch für die Sicherheit im Betrieb zuständig. Er perfektionierte die Qualitätskontrolle, die er als äusserst wichtig einstufte. Nur tadellose Ware sollte die Fabrik verlassen. Da hatte er dieselbe Linie wie sein Chef Carl Elsener (3), der als Perfektionist bekannt ist. Heute wundert er sich, was er alles im Laufe seines Berufs-

lebens gemacht hat. Dabei hatte er ursprünglich ein ganz anderes Ziel. Er wäre gern Kapuzinerpater geworden. Einige Jahre quälte es ihn noch, eventuell den falschen Weg eingeschlagen zu haben. Dabei liebte er seine Arbeit. Doch er war auf der Suche nach einem tieferen Lebenssinn. Als er nach und nach in das Amt des Personalverantwortlichen hineinrutschte, fand er ein Stück weit seine Berufung. Den Begriff Personalchef weist er noch heute weit von sich. Er war kein Chef, er war zutiefst verantwortlich für die Mitarbeitenden dieser Firma. Viele der ungelernten Arbeiter kamen aus dem Ausland, die meisten aus Italien und Portugal. Das bedingte gute Kontakte mit den jeweiligen Konsulaten. Er wollte sicher sein, dass die Angestellten keine Vorstrafen hatten. Auch ein eventueller Familiennachzug musste geregelt werden. Die ausländischen Mitarbeiter waren stolz, für die Victorinox zu arbeiten. Hans Bünter betont noch einmal: «Sie waren stolz, nicht froh!»

Morgens um 6 Uhr ging er bereits an die Arbeit. Dass er mittlerweile selbst eine Familie hatte, änderte nichts an der Tatsache, dass er mit der Firma «verheiratet» war. Selbst in den Ferien ging er oft nach Italien und besuchte dort die Heimarbeiter, welche ebenfalls für die Firma arbeiteten. Lachend berichtet er von einfachen Menschen, die ihn und seine Frau herzlich willkommen hiessen, sie bekochten und ihnen ihre ganze Familie vorstellten. Dass ab und zu ein Huhn über den Esstisch spazierte, störte nicht sehr. Das gehörte zur ganzen Atmosphäre, genau wie die vielen «Mamma mia», wenn sie den Mann von der Victorinox aufgeregt begrüssten.

Er war streng, aber korrekt. Die Mitarbeiter wussten, dass sie sich mit allen Problemen an ihn wenden konnten. Mit der Zeit wurde er eine Art Beichtvater. Oft kamen täglich bis zu dreissig Personen in sein Büro. Was für Probleme vorkamen? Bandbreite: Schulden, Unfälle, Schlägereien, selbst Führerscheinentzüge. Manche hatten familiäre Sorgen, Depressionen oder neigten zu Alkoholismus. Bei einer Firma mit 900 Angestellten gab es halt ein paar Problemfälle, welche jedoch integriert wurden. Schweizer wie Ausländer waren gleichermassen von solchen Dingen betroffen. Bünter hatte Kontakt zu den verschiedenen kantonalen Polizeistationen und konnte dank persönlicher Verbindungen vieles klären oder auch warnen. Manchmal half es, wenn er seinen Leuten einfach zuhörte. Oft wandte er Stunden auf, die weit über seine normale Arbeitszeit hinausgingen. Er ermutigte, besänftigte, half finanziell über die Runden oder sprach Klartext, wenn die erbrachten Arbeitsleistungen nicht genügten. Meistens bewirkte das eine Änderung. Es brauchte sehr viel, bis er eine Kündigung aussprach. Im Laufe seiner langen Arbeitszeit war das nur fünf Mal der Fall. Dann hatten Aussprachen und Ermahnungen nichts genützt. Auch sein Chef Carl Elsener (3) war sehr menschlich. Es kam vor, dass er schwierige Leute behielt, weil er die Familie nicht ins Elend stürzen wollte. Doch im Grossen und Ganzen hatten sie gute Mitarbeiter und ein Betriebsklima, das seinesgleichen sucht. Menschen mit Behinderung und psychisch Kranke wurden bei ihnen integriert. Sie waren dankbar und drückten das auch aus. Arbeitsjubiläen wurden von der Firma in der Zeitung mit Bild veröffentlicht. Das ist und bleibt ein wichtiges Zeichen der Wertschätzung.

Manche wunderten sich, warum es in der Victorinox keine Arbeitsverträge gab. Hans Bünter sagt: «Wir waren die Unterschrift und die Arbeitsverträge! Es war alles in Ordnung. Lohn und Ferien stimmten.» Ach ja, die Lohnbuchhaltung machte er auch und zwar für sämtliche Angestellten.
Die Verbindung zu Carl Elsener(3) war herzlich und trotzdem respektvoll. Hans Bünter lacht, wenn er an gewisse Szenen im früheren Büroalltag denkt. Sein Chef war bekannt für seine Temperamentsausbrüche. Als schnell denkender Mensch wurde er leicht ungeduldig. In solchen Situationen war Bünters Büro ein ruhiger Hafen. Hier legten sich die Wogen, egal wie stürmisch es im Geschäftsleben zu- und herging. Hans Bünter bewunderte seinen Chef und sein gutes Gefühl in finanziellen Belangen. Er hatte eine grosse technische Begabung und eine gute Intuition, wenn es um neue Produkte ging. Jede Woche gingen sie zwei Mal gemeinsam durch den Betrieb, den beide bis ins letzte Detail kannten. Sie achteten auf Disziplin. Sexbilder an den Wänden mussten sofort entfernt werden. Wehe, wenn Hans Bünter hörte, dass Angestellte nebenan im Shoppingcenter waren und die Kaffeepause überzogen. Da war er schnell unten und sorgte für Ordnung.
Auch Carl Elsener junior(4) musste erfahren, dass mit dem Personalverantwortlichen nicht zu spassen war. Als der übermütige Bub mit Kriegsgeschrei, Militärkappe und Holzbajonett durch die Fabrik stürmte, wurde er bald einmal festgehalten und an die frische Luft gesetzt. Heute gibt er schmunzelnd zu, dass er von Hans Bünter einiges gelernt habe.
Es ist nicht selbstverständlich, dass Hans Bünter über die ganzen Jahre bei der Victorinox geblieben ist. Die Fremdenpoli-

zei hätte ihn gerne als Chef angeworben. Auch das Arbeitsamt war an ihm interessiert. Die Angebote schmeichelten ihm zwar. Aber er wusste, wohin er gehörte.
Kein Tag glich dem anderen. Immer wieder passierten aussergewöhnliche Dinge. Die meisten waren positiv. Aber selbstverständlich bleiben die dramatischen Vorkommnisse am stärksten im Gedächtnis haften. Dazu gehörte ein wilder Kampf zwischen einer Italienerin und einer Schweizerin, welche mit frisch polierten Taschenmessern aufeinander losgingen. Mit ein paar ruhigen Sätzen liess sich die Situation wieder beruhigen. Ein anderes Mal kam ein Angestellter aus der Schweiz wie eine Furie ins Büro gerannt und schrie: «Du hast meiner Mutter Drogen in die Suppe getan!» Hans Bünter blieb ruhig und entgegnete: «Du bist ein Trottel. Setz dich besser hin und trink einen Kaffe mit mir. Ich habe keine Drogen und weiss überhaupt nicht, was du meinst.» Auch hier beruhigte sich die Situation rasch und der Mann bemerkte wenig später: «Du bist schon ein flotter Kerl!» Überhaupt kamen viele später zu ihm und bedankten sich dafür, dass er sie während einer Lebenskrise nicht allein gelassen habe. Selbst bei Entlassungen liess er die Türe einen Spalt weit offen und sagte zu einem seiner Problemfälle: «Geh hinaus in die Welt. Wenn du etwas geworden bist, kannst du wieder kommen.» Er kam nicht mehr zurück in die Firma. Aber er bedankte sich später bei einem Besuch und erzählte mir, dass er jetzt selbständig und erfolgreich sei.

Ein Jahr nach seiner Pensionierung erlitt Hans Bünter einen schweren Schlaganfall. Er war komplett gelähmt. Geistig war

er ganz präsent. Aber er konnte sich nicht ausdrücken. Das war eine schlimme Zeit. Doch er kämpfte und lernte wieder sprechen. In dieser Zeit erhielt er vieles zurück, was er vorher gegeben hatte. Viele ehemalige Mitarbeiter besuchten ihn oder riefen an. Als er 1995 sein goldenes Arbeitsjubiläum feierte, bekam er eine Mappe voller Briefe von Angestellten. Jede Abteilung hatte unterschrieben. Alle wünschten sie ihm Mut und Kraft und drückten ihre Wertschätzung aus. Die Geschäftsleitung schrieb ihm, dass er als Personalchef Wesentliches zum Erfolg der Firma beigetragen habe. Das tat ihm gut, obwohl er doch nie ein Personalchef gewesen war.
Noch heute ruft er ehemalige Mitarbeiter an, manche selbst in Italien. Einige haben Altersbeschwerden oder sind krank. Es interessiert ihn, wie es ihnen geht. Viele sagen: «Wenn ich dich höre, geht es mir gut!» Er berichtet auch der Familie Elsener, wenn es pensionierten Mitarbeitern schlecht geht. Er weiss, dass ein tröstendes Wort vom einstigen Chef viel Positives bewirken kann. Täglich schaut er das Foto von Carl Elsener (3) an und redet in Gedanken mit ihm. Er bedeutet ihm viel.

Abschied

Carl Elsener (2) litt an einer Prostataerkrankung und sollte sich deswegen behandeln lassen. Doch er zögerte noch und reiste vor der Operation mit seiner Frau nach Rom, um den Vatikan zu besuchen. Schliesslich konnte er einen Eingriff nicht mehr länger vertagen und ging ins Theodosianum in Zürich. Die Operation verlief erfolgreich. Doch er vertrug die Narkose nicht. Während zwei bis drei Tagen musste er ständig Galle erbrechen. Zu Tode erschöpft starb er am 22. Mai 1950 im Alter von nur 64 Jahren. Das war ein harter Schlag für die Familie und die ganze Belegschaft. Sie konnten es fast nicht begreifen, dass dieser vitale Mann nicht mehr heimkehren würde. Am Tag seiner Beerdigung strömte eine grosse Menschenmenge auf den Friedhof, um sich von ihm zu verabschieden. Da war ein Meer von Regenschirmen, denn der Regen fiel schwer und unablässig.

Mutter Elise Elsener übernahm nun zusammen mit ihren Söhnen Carl (3) und Eduard die Betriebsleitung. Das war eine schwere Last. Doch die Angestellten waren solidarisch und standen voll und ganz hinter der neuen Leitung. Carl kannte die meisten der Abteilungsleiter schon als Schulbub. Viele duzten ihn aus alter Gewohnheit. Es waren tüchtige Leute, die all ihr Wissen zur Verfügung stellten. Die ständig zunehmenden Aufträge zwangen dazu, die Arbeitsabläufe zu optimieren. Wenn Carl Elsener (3) an die damalige Zeit denkt, kommen ihm viele Namen und Gesichter in den Sinn. Dann spürt er auch die Kraft, durch welche sie getragen und zusammengeschweisst wurden. Ein trauriges Ereignis aus dieser Zeit verfolgt ihn jedoch bis heute. Dabei hätte er allen Grund zur Freude gehabt, als die Victorinox den denkwürdigen Auftrag bekommen hatte. Sie sollte für den amerikanischen Präsidenten Lyndon B. Johnson ein Taschenmesser herstellen. Dieses würde er als kleines Geschenk für wichtige Gäste verwenden. Ein tüchtiger Mitarbeiter und Messerschmied bekam den Auftrag, dieses besondere Messer mit der präsidialen Signatur herzustellen. Sein Entwurf gefiel allen sehr gut. Doch der Messerschmied befürchtete, dass sein Vorschlag für einen amerikanischen Präsidenten nicht genüge – er litt schon von Jugend an unter Depressionen – und steigerte sich so sehr in Ängste hinein, dass er eines Morgens vor den Zug lief. Die ganze Belegschaft war tief betroffen. Wie erwartet, kam das Messer gut an. Weitere amerikanische Präsidenten verwendeten Victorinox-Taschenmesser als praktische, kleine Geschenke, welche durch deren persönliche Signatur einen besonderen Wert erhielten.

Nur fünf Monate nach dem Tod des Vaters starb Onkel Balz Elsener, der Fellhändler, welchem das Elsener-Haus am Ochsenplatz gehört hatte. Er war ein tüchtiger Händler gewesen, den Carl Elsener (2) oft für schwierige Geschäftsverhandlungen beigezogen hatte. Er war selbst in den härtesten Verhandlungen unbeirrt geblieben, wenn Carl aus Gutmütigkeit längst nachgegeben hätte. Im Rahmen der Erbteilung übernahm Carls Familie dieses Haus, welches früher dem Vater des Firmengründers gehört hatte. In späteren Jahren stiegen die Bodenpreise und somit der Wert der Liegenschaft. Carl Elsener (3) fand es nur gerecht, diesen Gewinn mit den übrigen Erben zu teilen. Zu ihrem Erstaunen machte er freiwillig eine grosse Nachzahlung.

Mutter Elise ging jeden Morgen um 6 Uhr zur Frühmesse. Vorher öffnete sie im Büroanbau die Fensterläden und Fenster. Man hätte die Uhr nach ihr richten können. In der Kirche holte sie sich Kraft für ihre übervollen Tage. Sie liebte ihre Arbeit und konnte sich kein anderes Leben vorstellen. Im Betrieb war sie bekannt für ihre Sparsamkeit, die nichts mit

Geiz zu tun hatte. Sie hatte in harten Zeiten gelernt, auf jedes Detail zu achten. Erst im Alter äusserte sie Bedauern darüber, dass sie ihre Kinder nicht wirklich habe aufwachsen sehen. Doch es hatte ihnen an nichts gefehlt. Ihre Schwester Rosli war eine liebenswürdige Pflegemutter gewesen, die für die notwendige Nestwärme gesorgt hatte.

Aufschwung

Erwin Hartkopf aus Solingen, der in Süddeutschland und in der Schweiz die Solinger «Windmühle» Gemüsemesser verkaufte, sprach 1953 bei der Victorinox vor. Die Qualität der Taschenmesser beeindruckte ihn und er wünschte sich, diese auf dem süddeutschen Markt zu verkaufen. Carl Elsener (3) war sehr glücklich über diese Anfrage, da Victorinox bis anhin nur wenige Messer über die Firma «Scharff & Kober» in Deutschland hatten verkaufen können. Herr Hartkopf hatte freundschaftliche Geschäftsbeziehungen mit Stahlwarenhändlern und Messerschmieden. Trotzdem brauchte es Zeit und Geduld, bis die Schweizermesser ihre Kundschaft fanden. Ein Freund, Messerschmied Maurer von Heilbronn, kaufte von ihm eine Anzahl Offiziersmesser. Seine Frau sandte diese postwendend zurück mit dem Vermerk: «Solche Messer sind in Deutschland unverkäuflich». Mit der Zeit war das Eis aber endgültig gebrochen. Selbst in Mittel- und Norddeutschland interessierte man sich für die Victorinox-Messer. Carl Elsener schuf fünf Vertretergebiete und hielt seine Reiseverkäufer dazu an, ein bis zwei Fremdfirmen zu vertreten, um so Fahrkosten zu sparen. Beim blossen Herumfahren würde schliesslich nichts verkauft. Könnte ein Vertreter

jedoch ein ergänzendes Sortiment an Waren vorweisen, hätte er grössere Verkaufschancen und Mehrumsatz.
Da der Sohn von Richard Forschner leider kein Interesse an der Weiterführung des Amerika-Geschäftes hatte, verkaufte es Forschner 1957 an Dick Prentiss. Mit ihm hatte er einen guten Nachfolger gefunden, der die Geschäftsbeziehungen zur Victorinox ebenfalls schätzte. Der wirtschaftliche Aufschwung ergriff nun die ganze Schweiz. Die Arbeitskräfte wurden rar, obwohl zunehmend ausländische Arbeiter ins Land strömten. Dick Prentiss musste viel zu oft auf seine Lieferungen warten. Carl Elsener (3) erwog deshalb eine Werkstatt in Vorarlberg zu bauen, um dort die Messer polieren zu lassen. Dieser Arbeitsgang war aufwändig und brauchte am meisten Leute. In Österreich hätte er genügend Arbeitskräfte gefunden. Doch Prentiss riet ihm freundschaftlich davon ab und bemerkte: «Charles, lass das lieber sein. Ich hatte selber drei Fabriken. Wenn ich in der Fabrik A war, gab es Schwierigkeiten in der Fabrik B oder C. Die Leitung solltest Du nicht anderen überlassen. Das verursacht nur Probleme!» Dick Prentiss war sehr entgegenkommend und uneigennützig. Auch er hatte bald ein herzliches und familiäres Verhältnis zur Familie Elsener gewonnen. Bei den Lieferungen geduldete er sich. Jedes Mal wenn er da war, blickte er zu den Mythen hoch und sagte: «Mount Elsener». Diese Hausberge sind auf den Metzgermessern zusammen mit einem Adler abgebildet. Als sich 1973 Prentiss altershalber als Geschäftspartner verabschiedete, weinte er und schloss Carl Elsener in die Arme. Er hatte ihn immer wie einen Sohn betrachtet.

Jeder Tag in der Firma verlangte seine ganze Aufmerksamkeit. Carl Elsener (3) sass nicht nur im Büro. Er kontrollierte jeden Bereich der Firma. Ständig mussten Maschinen angepasst und verbessert werden. Die Taschenmesser boomten. Es genügte nicht, ständig dieselben Modelle herzustellen. Das Leben wandelte sich und damit entstanden neue Bedürfnisse. Seit jeher war Carl Elsener ein Perfektionist und ein «Tüpflischiisser». Er ruhte erst, wenn ein Entwurf perfekt war. Das machte es für ihn und seine Mitarbeiter nicht immer leicht. Die Messer aus Ibach sollten höchste Ansprüche erfüllen. Es ging nicht nur um die eigene Firma. Ihre Erzeugnisse standen sprichwörtlich für Schweizer Qualität und mussten diesem Anspruch stets von neuem gerecht werden.

Xaver Ehrler, 1937, pensionierter Exportleiter

Xaver Ehrler hätte als früherer Leiter des Exports allen Grund zu ausgedehnten Reisen gehabt. Während seiner 50-jährigen Tätigkeit für die Victorinox hatte er weltweit viele Geschäftsverbindungen geknüpft, die sich bis heute als stabil erweisen. Doch er bezeichnet sich eher als Schreibtischtäter. Sein Chef Carl Elsener (3) sah keinen Grund dafür, unnütz Geld für Reisen zum Fenster hinaus zu werfen. Xaver Ehrler war ähnlicher Meinung. Dass die Dinge heute anders liegen, kann er jedoch gut nachvollziehen. Seine heutigen Kollegen reisen rund um die Welt. Die Victorinox exportiert mittlerweile in 130 Länder. An dieser Entwicklung ist Xaver Ehrler alles andere als unschuldig.

Seit jeher liebte er Sprachen. Er spricht fünf Fremdsprachen. An der Dolmetscherschule in Zürich lernte er sogar Russisch.

Dazu gehörte natürlich auch ein Sprachaufenthalt in Russland. Zu Zeiten von Präsident Leonid Breschnew ein Unterfangen, das eher argwöhnisch betrachtet wurde. Dass er deswegen von der Schweizerischen Bundesanwaltschaft nicht einmal fichiert worden war, enttäuschte ihn ein wenig. Schliesslich hatte er sogar eine russische Zeitung abonniert, als der Kalte Krieg noch in vollem Gange war. Geschäftsdelegationen aus Russland brachten allerdings meistens einen eigenen Dolmetscher mit oder sprachen selber ausgezeichnet Englisch. Doch es machte Xaver Ehrler heimlich Freude, wenn er ihren Gesprächen folgen konnte.

Zuerst waren es Frankreich, Belgien, Italien und Österreich, in welche die Victorinox exportierte. Jedes Land hatte besondere Vorlieben. In Österreich liefen die Taschenmesser besonders gut. Italien bevorzugte Metzgermesser. Dann folgte natürlich die USA. Die GI's hatten das «Swiss Army Knife» in der Heimat berühmt gemacht. Das sprach sich schnell herum. Dementsprechend kamen spontane Anfragen von Händlern. Deutschland war anfänglich ein schwieriger Markt. Es brauchte zwar etwas Zeit. Aber nach und nach kam selbst aus Deutschland eine grosse Nachfrage. Auch England war ein guter Handelspartner. Dann folgten langsam exotischere Länder wie Mexiko, Guatemala und mehrere afrikanische Staaten. Doch die Namen der Geschäftspartner klangen oft vertraut. Manche von ihnen waren ausgewanderte Schweizer. In der Karibik lag der Handel aber fest in indischer Hand.
In jener Zeit machte die Victorinox kaum Reklame. Die Mund zu Mund Propaganda genügte vollauf. Neue Handelspartner

riefen einfach eines Tages an und sagten: «Wir haben das Messer gesehen. Es scheint gut zu sein. Könnten wir die Vertretung übernehmen?» Dann brauchte es ein gutes Gespür um herauszufinden, ob der Geschäftspartner wirklich seriös war. Manche der Interessenten klangen wichtigtuerisch, hatten aber keinen soliden Hintergrund. Wo noch Zweifel waren, half oft eine Anfrage bei einer Auskunftei. Wenn die Ausgangslage stimmte, half man den Kunden beim Aufbau des Geschäfts. Xaver Ehrler war vorsichtig, wenn gleich zu Beginn allzu hohe Kredite gefordert wurden. Da lieferte man die Ware nur gegen Vorauszahlung oder gegen einen Kreditbrief. Viele dieser Geschäftsbeziehungen entwickelten sich gut und bestehen bis heute.

Die ausgedehnten, internationalen Handelsbeziehungen begannen bereits Ende der Fünfziger-, anfangs Sechzigerjahre. Den Höhepunkt erreichte man in den Siebziger- und Achtzigerjahren. Carl Elsener war nicht daran interessiert, zu schnell zu wachsen. Er konnte nicht von einem Tag zum anderen die Fabrik erweitern oder mehr Maschinen anschaffen, um übergrosse Bestellungen erledigen zu können. Er wollte ein vernünftiges Wachstum und gut überlegte Lösungen, damit er seinen Qualitätsstandard halten konnte. Erfolg war schön, aber er konnte auch gefährlich werden. In erster Linie wollte Carl Elsener sichere Arbeitsplätze garantieren.

Es war vor allem das Taschenmesser mit seinem charakteristischen Victorinox-Emblem, welches weltweit Begeisterung auslöste. Es passte zur mobilen Gesellschaft. Breite Schichten der Bevölkerung waren jetzt mit dem eigenen Auto unterwegs. Ausgehend von Amerika entstand eine neue Freizeitkultur.

Die Victorinox entwickelte die Taschenmesser dazu. Je nach Kundenkreis gab es verschiedene Modelle, die auf bestimmte Bedürfnisse zugeschnitten waren, beispielsweise für Fischer, Jäger, Camper oder Autofahrer. Bevor neue Modelle auf dem Markt erschienen, wurde sorgfältig analysiert, ob sie wirklich Sinn machten und einem langfristigen Bedürfnis entsprachen. Oft kamen Briefe von Händlern oder Kunden, die neue Produkte anregten. Aber sie mussten vernünftig sein. Sonst wurde ein höflicher Brief geschrieben: Vielen Dank für das Interesse, aber das ist praktisch leider nicht machbar.
Xaver Ehrler faszinierte es immer, seinem Chef beim Umgang mit den Taschenmessern zuzusehen, wie er sie öffnete und prüfte. Das schien ganz leicht und elegant, fast zärtlich. Man spürte, dass er die Messer bis ins letzte Detail kannte und genau wusste, wie die verschiedenen Teile sich verhalten mussten. Sah man hingegen einem ungeübten Kunden zu, wie dieser ein Messer umständlich, ja fast gewaltsam zu öffnen versuchte, obwohl das gar nicht nötig wäre, lagen Welten dazwischen. Es ist auch Xaver Ehrler anzumerken, dass er seit seiner Kindheit mit Messern zu tun hat und nach wie vor von ihnen fasziniert ist. Schon sein Vater arbeitete fünfzig Jahre für die Firma und verstand es, die Begeisterung auf seinen Sohn zu übertragen.
Carl Elsener (3) erlangte Weltruf auf dem Messersektor. In der Taschenmesserproduktion sah er die Zukunft. Die kleinen Teile liessen sich gut automatisch herstellen. Er kam nicht darum herum, seine Fabrik 1980 deutlich zu vergrössern. Xaver Ehrler bemerkt: «Der Chef war ein Genie. Es ist unglaublich, was er auf die Beine gestellt hat. Alles war gut durchdacht und

grundsolid. Trotzdem hatte er überraschende Ideen und entwickelte Produkte, die völlig neu daherkamen. Aber sie wirkten einfach und natürlich. Er machte kein Aufhebens deswegen und sagte immer, dass er die Produkte zusammen mit seinen Angestellten entwickelt habe. Er hörte nie auf zu tüfteln, bevor nicht alles perfekt war. So ein Perfektionist war nicht einfach für seine Umgebung. Trotzdem war es faszinierend, für ihn zu arbeiten. Er ist so ein gescheiter Mensch und kennt sich auf vielen Gebieten aus. Er hatte auch eine grosse Intuition, was ankommen könnte.»

Es war interessant, wie die verschiedenen Länder dieser Erde auf die Messer reagierten. Xaver Ehrler merkte stark, wo Messer eine Tradition hatten und wo nicht. In Europa war sie gut verankert. Japan brauchte lange, bis es sich für die Messer interessierte. In Hongkong liefen die Geschäfte seit 1950 sehr gut und von dort aus öffnete sich später der chinesische Markt. In der arabischen Welt war Saudi Arabien lange Zeit Hauptabnehmer des «Swiss Army Knife». Dies besonders während des dortigen Baubooms in den Achtzigerjahren. Damals arbeiteten in Saudi Arabien Tausende von Koreanern als Gastarbeiter. Diese kauften vermutlich den Grossteil der Messer, die sie in ihr Heimatland mitnahmen oder dorthin exportierten. Auch auf dem Metzgermesser-Sektor erfreuten sich die Victorinox-Messer eines ausgezeichneten Rufes. Besonders begehrt waren Modelle mit polierten Palisandergriffen und drei Metallnieten, was wohl einen religiösen Hintergrund hatte. Inzwischen haben die Vereinigten Arabischen Emirate, Kuwait und Bahrain den Platz von Saudi Arabien eingenommen.

Was Messerformen angeht, beobachtete Xaver Ehrler grosse Unterschiede von einem Land zum anderen. Amerikaner brauchen zum Fleisch schneiden eine Art Türkensäbel. Die Londoner haben einen ganz eigenen Messertyp als Metzgermesser. Die Holländer möchten ein Ausbeinmesser, das 14 Zentimeter lang ist. Alle anderen Länder haben eines mit 15 Zentimeter Länge. Dafür sehen die Ausbeinmesser in Australien und Amerika ähnlich aus, aber anders als in Europa. All diese unterschiedlichen Vorlieben machen die Herstellung nicht einfach. Grosse Stückzahlen verbilligen die Ware. Die vielen Spezialwünsche verteuern sie. Man musste immer wieder neue Möglichkeiten finden, um die Messer rationell und trotzdem perfekt herstellen zu können.
Die grossen Handelspartner reisten mindestens ein Mal jährlich in die Schweiz. Dann zeigte man ihnen die ganze Palette von Messern und stellte die Neuigkeiten vor. Auch Betriebsrundgänge gehörten dazu. Das beeindruckte. Die Leidenschaft und die Genauigkeit bis ins letzte Detail teilten sich hier mit.

Als die Eltern des Seniorchefs noch lebten und alles ein bisschen gemächlicher zuging, wurden die ausländischen Vertreter «en famille» zum Essen eingeladen. Diese Tischrunden, bei denen auch viel Familiäres zur Sprache kam, verbanden untereinander. Herzliche Freundschaften entstanden. Mit dem italienischen Händler tauschte man Briefmarken aus. Richard Forschner aus Amerika betrachte Carl Elsener wie einen eigenen Sohn und half mit Rat und Tat, damit es der Victorinox gut ging. Auf diese Weise entstanden solide Netzwerke, die sich über Länder und Kontinente zogen. Viele der kleineren

Handelspartner bekam Xaver Ehrler trotz jahrzehntelanger Kontakte nie zu Gesicht. Die Beziehungen beschränkten sich auf Briefe und Telefonate. Doch auch hier entstand mit der Zeit eine persönliche Bekanntschaft.
Seit sieben Jahren ist Xaver Ehrler pensioniert. Sein Wissen ist immer noch gefragt. Er weiss wie kein Zweiter über die alten Archive Bescheid und findet mit einem Griff die gewünschten Informationen. Wenn er zurückdenkt ist er zufrieden mit seiner beruflichen Laufbahn. Wer kann schon vom Schreibtisch aus ein so grosses internationales Beziehungsnetz aufbauen!

Die richtige Frau

Die Familie machte sich langsam Sorgen. Wie sollte Carl(3) je eine Frau kennen lernen, wenn er tagein, tagaus bis in alle Nacht in der Firma arbeitete? Einige wenige Male liess er sich zu einem Tanzanlass überreden. Er lernte dabei durchaus Frauen kennen, die sich für ihn interessierten. Aber er war nicht wirklich überzeugt und so versank er wieder in der Arbeit. Die Liebe begegnete ihm völlig unerwartet im Büro der eigenen Firma. Dort arbeitete seit kurzem Rosmarie Zehnder. Sie entsprach in allem der Frau, die er sich an seiner Seite wünschte. Rosmarie war liebenswert, tüchtig und teilte alle seine Werte. Nur stand sie vor derselben Entscheidung, welche er bereits für sich beantwortet hatte. Sie wusste nicht, ob sie ins Kloster gehen sollte. Als sie für drei Monate in Neuchâtel französisch lernte, bekam sie jeden Tag einen Brief von Carl. An Pfingsten 1954 kam sie wieder heim. Sie hatte sich für ihn entschieden und so feierten sie überglücklich ihre Verlobung. Am 9. September heirateten sie im Kloster

Wesemlin in Luzern, wo auch Carls Bruder Adolf teilnehmen konnte, der dort Novize war. Das Hochzeitsessen fand im Hotel Hermitage ausserhalb von Luzern statt. Danach fuhr das Paar mit dem Zug nach Locarno. Drei Wochen währte ihre Hochzeitsreise. Sie wohnten im Hotel und machten Ausflüge in die Umgebung. Endlich hatten sie Zeit, um in Ruhe zusammen zu reden und sich noch besser kennen zu lernen. Rosmarie war damit einverstanden, dass ihr gemeinsames Leben einfach und ohne Luxus sein würde. Sie wollten ihren Angestellten ein gutes Vorbild sein. Somit würde auch Rosmarie nicht mehr Haushaltsgeld bekommen, als eine Angestelltenfamilie zur Verfügung hatte. Nur einen grossen Wunsch hatte ihr Carl erfüllt. Während der Hochzeitsferien war ein Flügel in ihre Wohnung im vierten Stock transportiert worden. Zum Glück waren sie nicht daheim gewesen. Das enge Treppenhaus hatte sich einige handfeste Flüche der Transporteure anhören müssen, die mit dem Instrument fast stecken geblieben wären.
Nach zwei Jahren kam Tochter Annamarie als erstes Kind zur Welt. Carl (4) folgte 1958. Im Ganzen sollten es elf Kinder werden. Rosmarie Elsener-Zehnder liebte die Rolle als Hausfrau und Mutter. Dem Beispiel von Carls Mutter Elise mochte sie nicht folgen. Ihren hart arbeitenden Mann unterstützte sie damit, dass sie ihm den Rücken frei hielt und immer ein offenes Ohr für seine Anliegen hatte. Er musste sich nie um private Dinge kümmern. Wenn Carl (3) am Mittag nach Hause kam, erwartete ihn schon das Essen, das Rosmarie aus ihrem bescheidenen Haushaltsgeld gezaubert hatte. Erst an ihrem 50. Hochzeitstag sollte sie zugeben, dass sie unter dieser

Knappheit oft gelitten hatte. Carl Elsener genoss es, eine eigene Familie zu haben. Er liebte seine Kinderschar und bedauerte es manchmal, dass er so wenig Zeit für sie hatte. Das gemeinsame Mittagessen mit der Familie war Carl sehr wichtig. Es wurde lebhaft diskutiert. Geschäftliche Sorgen oder auch Erfolge bekamen alle hautnah mit. So wuchsen die Kinder unmerklich mit der Firma zusammen, die immer mit am Tisch sass. Abends wurde es meistens spät und oft lagen die Kinder schon in ihren Betten, wenn er in die Dreieinhalbzimmerwohnung nach Hause kam. In dieser Wohnung sollten sie zwölf Jahre lang wohnen. Sie hatten nie einen Fernseher, fuhren nicht Auto und leisteten sich auch sonst sehr wenig.

1956 sorgten politische Ereignisse für Ängste. Die Russische Armee besetzte Ungarn. Man fürchtete sich davor, dass früher oder später noch weitere Länder Europas besetzt würden. Kein Wunder war die Schweizer Armee alarmiert. Innert kürzester Zeit sollte ein Sturmgewehr entwickelt werden. Die Schweizerische Industriegesellschaft AG (SIG) von Neuhausen schickte Zeichnungen für das dazu gehörende Bajonett, welches die Victorinox produzieren sollte. Carl und Eduard Elsener merkten jedoch, dass der Bajonettkopf mit der Kupplung viel zu teuer würde. Eduard entwickelte eine neuartige Kupplung, deren Kosten um die Hälfte niedriger lagen. Wegen drohender Entlassungen in der Waffenfabrik Bern wurden die Bajonette schlussendlich dort und nicht in Ibach ausgeführt. Das war kein Problem für die Brüder. Sie waren ohnehin in Verzug mit anderen Aufträgen. Die Entwicklung der neuen Kupplung stellten sie nicht in Rechnung. Doch sie waren stolz darauf, dass die SIG ihre Lösung gewählt hatte. Nach mehr als vierzig Jahren konstatierten sie, dass auch die Bajonette der NATO mit ihrer Kupplung ausgerüstet waren. Süddeutsche Kunden warnten die Familie Elsener in den Sechzigerjahren, dass drei Solinger Firmen zusammen eine neue Fabrik für Taschenmesser erstellen wollten. Dadurch hofften diese, Victorinox und Wenger erfolgreich zu konkurrieren. Im ersten Moment waren Carl und Eduard Elsener schockiert und fürchteten sich vor dieser drohenden Übermacht aus Solingen, die schon oft Probleme verursacht hatte. Doch dann besannen sie sich auf ihre Stärken. So leicht war ihr technologischer Vorsprung nicht einzuholen. Sie würden kämpfen. Als erste Massnahme senkten sie die Preise für Taschenmesser in Deutschland und beschlossen, erst einmal abzuwarten. Sie hatten Glück. Der angekündigte Zusammenschluss fand nicht statt. Als viel später von Prof. Dr. Kasimir M. Magyar das Buch «Marketing Pioniere» erschien, porträtierte er unter anderen auch die Victorinox und die Deutsche Krebsliga, welche von Mildred Scheel aufgebaut worden war. Er überreichte das erste Buch dem Deutschen Bundespräsidenten Walter Scheel. Dieser blätterte darin und bemerkte beim Beitrag zur Victorinox, dass diese Messerfabrik den Solinger Firmen grosse Sorgen gemacht habe. Er sei früher Sekretär des Industrieverbandes Solingen gewesen. Die drei Fabrikanten hatten einsehen müssen, dass der Vorsprung der Victorinox zu gross gewesen sei, um dagegen anzukommen. Nicht nur die Firma, auch die Familie von Carl Elsener wurde immer grösser. 1965 waren sie bereits zu acht in der kleinen Wohnung. Die Kinder lösten das Platzproblem auf ihre Art und Weise. Die Fabrik wurde zum Spielplatz. Einige der Arbeiter hatten Freude an den Kindern und brachten ihnen Süssigkeiten mit. Die wilde Schar kannte jeden Winkel der Fabrik. Oft waren sie auch in der Packerei anzutreffen, von wo aus die Messer in alle Welt verschickt wurden. Stockend buchstabierten sie die exotischen Adressen von Bahrain, Japan, Neuseeland, Hongkong, Kenia, Schweden oder Venezuela. Manche Wörter waren so fremd, dass sie keine Ahnung hatten, wie man sie aussprechen musste. Mit Versandschachteln bauten die Kinder Burgen. Selbst die kleinen Töchter Pia und Edith hatten sich den älteren Geschwistern angeschlossen und liebten den riesigen Spielplatz in der Packerei. Carl (4) war meistens der Anführer, der zwischen den Maschinen und Arbeitern hindurch flitzte oder erste Marketingkonzepte entwarf. Er bot den Angestellten verschrumpelte Äpfel zum Kauf an. Keiner biss an. Im Gegenteil – er wurde an die Eltern verraten.

Rosmarie Elsener schätzte es überhaupt nicht, wenn die Kinder den Betrieb unsicher machten. Zum Glück hatte der betriebsinterne Architekt Bohnenblust bereits Baupläne für ein neues Wohnhaus am Rainweg 15 angefertigt. 1966 wurde es gebaut und kurz vor Weihnachten zog die Familie um. Das siebte Kind sollte im März zur Welt kommen. Auf einmal hatten sie unglaublich viel Platz. Insgesamt waren es sechs Schlafzimmer. Es gab sogar ein Nähzimmer für Rosmarie. Die Kinder bekamen ein eigenes Spielzimmer. Doch sie trauerten noch lange der vergangenen Zeit nach und vermissten die freundlichen Arbeiter. Die enge Wohnung hatten sie vorher gar nicht gespürt. Jetzt wohnten Rosmaries Schwester

Antonia und ihre Eltern im selben Haus. Die Kinder waren oft bei ihnen und durften dort sogar fernsehen.
1968 machte Carl Elsener mit seiner Familie einen Ausflug nach Vitznau und Rigi Kaltbad. Dort lagen in den Souvenirläden billige Taschenmesser der Firma Loor aus Solingen. Das hätte er noch tolerieren können. In jener Zeit wurden im Souvenirhandel in der Regel nur preisgünstige Artikel verkauft. Das Schweizer Kreuz auf der Schale, gepaart mit schlechter Qualität, machte ihn jedoch zornig. Er dachte sofort an seinen Grossvater. Er hätte sich im Grab umgedreht, wenn er diese billige Nachahmung gesehen hätte. Das Wappenschild, welches der Firmengründer 1909 hatte schützen lassen, stand schliesslich als Zeichen für Schweizer Qualität. Er musste sofort handeln. Bald danach entstand die kostengünstige «Elinox-Reihe», welche die Victorinox zum Selbstkostenpreis offerierte. Zusätzlich sollte die Firma Loor davon abgehalten werden, dass sie für ihr Taschenmesser das Schweizer Wappen verwendete. Das gelang leider nicht. Zusammen mit der Firma Wenger führte Victorinox dann einen Prozess gegen Loor, den sie am 6. Oktober 1969 gewannen. Der Markenspezialist, Prof. Dr. Alois Troller, hatte sie in dieser Angelegenheit vertreten. Er hatte damit den ersten Prozess bezüglich Schweizer Wappen gewonnen. Dies war nur gelungen, weil er sich auf den hohen Qualitätsruf der Schweizer Messer beziehen konnte. Mit den billigen Souvenirmessern von Loor war damit eine Irreführung der Konsumenten erfolgt. Erstaunlicherweise verkauften sich bald danach die teureren Taschenmesser noch besser als die Billiglinie. Die Touristen schätzten entgegen aller Vorurteile ein Qualitätsprodukt.

Franz Grab, 1928, Aussendienst

Taschenmesser sind seine Leidenschaft. Anders lässt es sich nicht erklären, dass Franz Grab knapp vierzig Jahre im Aussendienst der Firma Victorinox tätig war. Fünf Jahre über das Pensionsalter hinaus betreute er Kunden in der Westschweiz und im Tessin. Er arbeitete zwar nur noch ein reduziertes Pensum. Aber Begeisterung lässt sich nicht reduzieren. Die ist heute noch da. Darüber hinaus war er lange an Ausstellungen präsent, unter anderem in Frankfurt. Kein Wunder, dass man ihn überall kennt und begeistert begrüsst: «Was, dich gibt es immer noch!» Natürlich gibt es ihn noch und so lange er atmet, wird er mit seiner Firma verbunden sein. Lächelnd gibt er zu, dass er mit der Victorinox mehr verheiratet gewesen sei als mit seiner Frau. Sie nimmt ihm das nicht übel.

Am 1. Januar 1958 trat Franz Grab seine Arbeit in Ibach an. Von allem Anfang herrschte eine Atmosphäre des Vertrauens mit seinem Chef. Carl Elsener (3) war ein guter Menschenkenner und spürte, dass dieser junge Mann dazu geeignet war, die Produkte und die Werte der Victorinox nach aussen zu vertreten. Der Aussendienst war wichtig, knüpfte er doch die Verbindungen zu den Kunden. Dem Chef wäre es nie eingefallen, seinem Angestellten vorzuschreiben, wie er zu arbeiten hatte. Er vertraute ihm. Daraus wuchs über die Jahre eine grosse gegenseitige Wertschätzung.

Anfänglich war der neue Aussendienstler für die ganze Schweiz zuständig. Da kamen ihm seine Sprachkenntnisse zugute. Französisch hatte er in Neuchâtel gelernt, Englisch während zehn Monaten in London. In Florenz war er sogar ein ganzes Jahr gewesen. Ein bisschen Spanisch kam noch dazu. So war er bestens gerüstet und konnte sich überall gut verständigen. In den Fünfzigerjahren hatte das Taschenmesser seinen Siegeszug um die Welt noch nicht wirklich angetreten. Zwar war es in Amerika durch die GI's recht bekannt geworden. Es war das ideale Mitbringsel für die Familie daheim. Zudem stand es rasch als Symbol für gute Schweizer Qualität. Amerikaner sind spontan viel leichter für Käufe zu begeistern als Schweizer. Sie sehen etwas, finden es toll und kaufen. Der Schweizer nimmt die Dinge sieben Mal in die Hand, dreht und wendet sie, denkt lange nach, ehe er kauft. Für die damalige Zeit waren die Messer teuer. Ein Soldatenmesser kostete ab Fabrik fünfzehn Franken. Heute kosten dieselben Messer nur unwesentlich mehr. Aber sie werden nicht mehr von Hand und in viel grösseren Stückzahlen gefertigt.

Unvergesslich sind für Franz Grab die Mittagessen bei der Mutter seines Chefs. Er wurde oft spontan eingeladen, wenn er zum Rapport in Ibach erschien. Dabei konnte in freundschaftlicher Atmosphäre über die Firma, Familiäres oder Lokalpolitisches gesprochen werden. Diese Nähe zur Familie verführte nie zu Distanzlosigkeit. Im Gegenteil! Hier wurde noch stärker bewusst, dass die Elseners in erster Linie für ihre Angestellten da waren. Das sorgte für Respekt.

In den Sechzigerjahren herrschte ein grosser Bauboom. Hotel um Hotel entstanden, Wohnsiedlungen schossen auch im Kanton Schwyz aus dem Boden. Das leicht verdiente Geld stieg vie-

len Baumeistern in den Kopf. Ungerührt entliessen sie ihre Arbeiter, wenn sie keine volle Leistung mehr erbringen konnten. Sie rieten ihnen, sich doch in der «Schmitte» in Ibach zu melden. Dort nehme man sie sicher. Der müsse sonst Ausländer beschäftigen. Die Victorinox stellte sie meistens an, auch wenn die Männer mit ihren verkrümmten Händen keine Feinarbeit mehr leisten konnten. Hier ging es um die soziale Verantwortung für Menschen, die ein Leben lang schwer gearbeitet hatten.

Auch Carl Elsener wollte bauen. Doch er wartete ab und stellte zuerst einen Architekten an, der Pläne für eine neue Fabrik erstellte. Auf diese Weise ersparte er sich die Kommission, die selbständige Architekten normalerweise erhalten. Auch blieb genügend Zeit, um wichtige Details in Ruhe zu erarbeiten. Als die Hochkonjunktur in den Siebzigerjahren einbrach, konnte er die fertigen, gut durchdachten Pläne aus der Schublade ziehen. Das Baugewerbe war nun froh über diesen Auftrag.

Genf war eine der Städte, in denen Franz Grab von Anfang an die besten Geschäfte machte. Als Sitz der UNO war sie international und weltoffen. Hier fanden viele Konferenzen statt. Die Taschenmesser waren als typisches Souvenir der Schweiz überaus beliebt. Zusammen gerechnet einen Monat pro Jahr verbrachte Franz Grab in Genf. Das Auto konnte er gratis beim Bahnhof abstellen. Der Verkehr hielt sich noch in Grenzen. Er liebte diese weltoffene Stadt mit ihrem Sprachengewirr. Sie war der restlichen Schweiz ein gutes Stück voraus. So blieb er geduldig, wenn ihm noch in den Sechzigerjahren in Interlaken erklärt wurde, dass Taschenmesser nicht als Souvenir geeignet seien. Es war nie sein Stil gewesen, Kunden zu etwas Ungewolltem zu überreden. Wenn er einen Laden betrat, stellte er sich vor und zeigte seine Ware. Er redete nie davon, dass er sie auch verkaufen wolle. Das Interesse musste vom Kunden kommen und echt sein. Waren sie einmal von der Qualität der Messer überzeugt, kauften und verkauften sie die Produkte aus persönlicher Überzeugung. Ohne das ging es nicht. So baute sich nach und nach ein Vertrauensverhältnis auf.

Interlaken lernte innert kürzester Zeit, dass Taschenmesser doch als Souvenirs geeignet sind. Ein einziger Ladenbesitzer war dafür verantwortlich. Er hatte in Amerika gelebt und wusste von der amerikanischen Begeisterung für die handlichen Messer. Er eröffnete einen Laden für Taschenmesser und wurde so ein guter Kunde der Victorinox. Die Touristen rissen ihm die Messer fast aus der Hand, so begeistert waren sie. Kaum merkten die anderen Ladenbesitzer, dass er Erfolg hatte, wollten auch sie dasselbe verkaufen. Innert Kürze lief das Geschäft in Interlaken hervorragend. Auch in der übrigen Deutschschweiz änderten sich die Dinge. Hatte man vorher eher Koch- und Metzgermesser verkaufen können, lief jetzt auch das Geschäft mit den Taschenmessern. Vor allem die Stadt Luzern war eine Spitzenreiterin, die mit der Zeit selbst Genf hinter sich liess. Der internationale Tourismus liebte die schöne Stadt am Vierwaldstättersee. Souvenirgeschäfte schossen wie Pilze aus dem Boden. Viele von ihnen verkauften Taschenmesser. Sie wurden in aller Welt zu Botschaftern, die für sich selbst Werbung machten. So klein sie waren, so überzeugte doch ihre bis ins letzte Detail durchdachte Funktionalität. Im

Unterschied zu den billigen Taschenmessern waren sie alles andere als ein amüsantes Spielzeug. Die Klingen waren selbst nach Jahren noch scharf und die Werkzeuge funktionierten tadellos. Zeigten sich in seltenen Fällen Mängel, konnten die Messer problemlos zur Reparatur gegeben werden. Die Garantie gilt auf Lebenszeit. In den Siebzigerjahren war es kaum mehr nötig, selbst auf Kundensuche zu gehen. Jetzt fragten die Geschäftsleute selber an, ob sie die Produkte der Victorinox verkaufen durften. Die Messer wurden immer beliebter. Schmunzelnd erzählt Franz Grab, dass er früher sogar eine Arztrechnung mit einer Schachtel Messer beglichen habe.

Anfänglich kümmerte er sich zusätzlich um den Vertrieb im Ausland und suchte dort geeignete Leute für den Aussendienst. So reiste er auch in die skandinavischen Länder. In Kopenhagen war der zukünftige Mitarbeiter skeptisch, ob sich das Geschäft auch rentieren würde. Franz Grab hielt nichts von leeren Spekulationen. Er ging gleich selbst in die Stadt, betrat das erste Geschäft und verliess es mit einem Lieferauftrag im Wert von 1500 Franken. Die Aktion hatte nicht länger als eine Stunde gedauert. Das überzeugte mehr als schöne Worte.

1958 fand die Weltausstellung in Brüssel statt. Die Victorinox war dabei und teilte sich einen Stand zusammen mit einer Uhrenfirma. Franz Grab war den ganzen Sommer dort und betreute den Stand zusammen mit seiner Frau. Sie verkauften die Taschenmesser direkt, da es eine Publikumsmesse war. Die Kunden kamen aus allen möglichen Ländern und durften mit ihren jeweiligen Währungen bezahlen. Das ergab herr-

liche Kontakte über verschiedene Sprachgrenzen hinweg. Die Amerikaner dominierten und waren wie immer begeistert. Viele von ihnen zeigten ihr Schweizer Taschenmesser, das sie bereits dabei hatten. Aber sie kauften noch ein zweites, das vielleicht ein bisschen anders war. Franz Grab wollte das Vergnügen dieser Messe mit seiner ganzen Familie teilen. Deswegen hatte er über ein Inserat jemanden gefunden, der über diese Zeit die Wohnung mit ihm tauschen wollte. Er hatte riesiges Glück. Die gut eingerichtete Fünfzimmerwohnung lag in Gehdistanz zur Messe und verfügte sogar über einen Fernsehapparat. Daheim gab es diesen Luxus nicht. Dafür hatte die belgische Familie ihre Freude an der Obwaldner Landschaft. Als Franz Grab 2008 an der Herbstmesse in Frankfurt war, begegnete er einem Aussendienstmitarbeiter aus dem Osten von Deutschland. Er kam strahlend auf ihn zu und sagte: «Dich vergesse ich nie. Du hast mir 1990 ein Taschenmesser geschenkt!» Jetzt arbeitet er schon 18 Jahre für die Victorinox und macht seine Sache gut. Damals konnte er sein Glück kaum fassen, für die bekannte Schweizer Firma arbeiten zu dürfen.

Mit der Zeit kannte Franz Grab jeden Winkel und vor allem jede Telefonkabine der Schweiz. Er meldete sich bei seinen Kunden an, bevor er in den Laden trat. Wenn er Glück hatte, war ein Parkplatz in der Nähe der Kabine und die Kabine selbst war frei. Doch oft musste er endlos lange warten, bis jemand ein Telefongespräch beendet hatte. Wenn er Pech hatte, war das Telefon im Geschäft besetzt und wieder hiess es, warten und Geduld haben. Trotzdem war er gar nicht begeistert, als ihm

1989 von der Firma ein Handy angeboten wurde. Das war eine grosszügige Geste, denn die Geräte waren damals sehr teuer. Die ersten kosteten um die 12 000 Franken. Seines kostete «nur» noch 5 500 Franken. Als er es endlich akzeptierte, erleichterte es sein Leben stark. Bis zu einer Stunde Arbeitszeit konnte er so täglich einsparen. Inzwischen war er längst nicht mehr der Einzige, der in der Schweiz für die Victorinox unterwegs war. Er behielt sich jedoch vor, in der Westschweiz und im Tessin zu arbeiten. Die Sprachen waren ihm wichtig.

Was die Arbeitszeit anging, sah Franz Grab kaum auf die Uhr. Die Arbeit begeisterte ihn. Was machte es da aus, wenn es am Abend später wurde! Es beflügelte ihn, wenn er wieder einen guten Kunden gewann. Natürlich machte es viel aus, mit Qualitätsware einen Laden zu betreten. Er konnte voll und ganz hinter den Dingen stehen, die er verkaufte. Zudem liebte er den persönlichen Kontakt mit den Kunden. Sie interessierten ihn alle. Nie wäre es ihm in den Sinn gekommen, soziale Unterschiede zu machen. Wahrscheinlich spürten die Leute, dass er ein echtes Interesse an ihnen hatte.

Neben den Taschenmessern vertrieb er auch Koch- und Metzgermesser. Qualitativ gute Küchenmesser verkauften sich am besten bei Profis. Metzger und Köche brauchen Handwerkszeug, auf das sie sich verlassen können. In privaten Haushalten hapert es oft an dieser Einstellung. Dort wird viel zu oft mit ungeeigneten Messern gearbeitet, die erstens zu klein und zweitens zu stumpf sind. Lange Messer sind nicht unbedingt gefährlicher als kurze. Doch sie erleichtern die Arbeit wesentlich. Franz Grab hält viel von praktischer Überzeugung und so verschenkte er im Laufe seiner Tätigkeit unzählige Tomaten-

messer, die nicht lang aber wenigstens scharf sind. In den Läden gab er sie den Verkäuferinnen, der Inhaberin oder der Frau des Chefs mit der Auflage, sie selbst zu benutzen. Meistens waren sie so begeistert, dass umgehend eine Bestellung erfolgte. Selbst heute kommt er nicht von dieser Gewohnheit los und verschenkt die praktischen Messer, um so ein bisschen Entwicklungshilfe in einheimischen Küchen zu leisten.

Wer viel unterwegs ist, geht oft auswärts essen. Franz Grab machte es sich zur Gewohnheit, anstelle eines Trinkgelds ein kleines Taschenmesser zu verschenken. Das machte Freude und viele erinnerten sich an ihn, wenn er wiederkam. Selbst in einem Hotel in London, wo er einige Jahre regelmässig vor Weihnachten logierte, wurden sie zu einem Türöffner. Für «Mister Knife» gab es so noch ein Zimmer, als das Hotel für normale Gäste längst ausgebucht war. Ein Messer half ihm auch weiter, als er in Deutschland kurz vor Feierabend vor einer Autowerkstatt hielt, um seine Kupplungsfeder wieder einhängen zu lassen. Es handelte sich um eine kleine Reparatur. Doch ohne sie konnte er unmöglich weiterfahren. In der Werkstatt wurde er auf den nächsten Tag vertröstet. Jetzt sei Feierabend. Als die Angestellten jedoch ein Taschenmesser als Geschenk erhielten, halfen sie dem netten Schweizer gerne und sofort, damit er weiterfahren konnte.
Immer wieder gab es amüsante Erlebnisse wegen verschenkter Messer. So wollte der Chef einer grossen Firma Franz Grab unbedingt treffen, nur weil dieser seinem Abteilungsleiter ein Messer geschenkt hatte. Er wollte auch eines haben, was ihm auch prompt und mit leisem Lächeln überreicht wurde.

Ein Sohn von Franz Grab ist Physikprofessor. Als er bei Kollegen eingeladen war, unter denen sich auch zwei Nobelpreisträger befanden, brachte er als Gastgeschenk ein grösseres Taschenmesser mit. Es stellte sich heraus, dass genau dieses in der privaten Sammlung noch gefehlt hatte. Die Physiker diskutierten die längste Zeit über Taschenmesser und vergassen vorübergehend ihre wissenschaftlichen Themen. Selbst bei privaten Auslandreisen nahm Franz Grab eine Handvoll Taschenmesser mit, die er unterwegs spontan verschenkte. Daraus ergaben sich viele sympathische Kontakte, die zum Teil bis heute anhalten. Doch es führte auch zu erstaunlichen Dingen. Italienische Polizisten sollten nach einem Unfall den Touring-Schutzbrief aus dem Auto holen. Franz Grab lag im Spital und konnte das nicht selbst besorgen. Augenzeugen berichteten, dass fünf Polizisten das Auto bis auf den letzten Winkel untersucht hatten. Nichts Persönliches war angetastet worden. Nur zwölf Taschenmesser waren danach verschwunden. Selbst unter den Autoteppichen hatten sie danach gesucht. Den Schutzbrief, um den es eigentlich gegangen war, hatten sie bei der Suchaktion komplett vergessen. Der Polizist sei mit einem Schneebesen ins Spital gekommen und hätte behauptet, dass er nichts anderes gefunden habe. Franz Grab atmet tief durch und sagt: «So ein Löli!» Aber es amüsiert ihn, dass selbst Gesetzeshüter beim Anblick seiner Messer schwach wurden. All diese Geschichten erhärten die Vermutung, dass Taschenmesser etwas zutiefst Archaisches im Menschen berühren, dem sie kaum widerstehen können.

Als Franz Grab mit seiner Arbeit begann, machte die Firma vier Millionen Umsatz pro Jahr. Als er 1997 aufhörte, waren es zweihundert Millionen. Es freut ihn, dass er bei diesem Wachstum aktiv mitgearbeitet hat. Wenn er heute zurückblickt, bereut er keinen einzigen Tag seiner Tätigkeit. Wenn er noch einmal jung wäre, würde er wieder für die Victorinox Taschenmesser verkaufen!

Fabrikneubau 1969 und 1980

Weil die Aufträge ständig zunahmen, brauchte es dringend eine bauliche Erweiterung. So entstand 1969/70 ein fünfstöckiger Bau. Lange, gründliche Planungsarbeiten waren vorausgegangen. Die Ingenieure hatten entschieden, dass keine Pfählung notwendig sei. Eine Bodenplatte würde genügen. Zum Glück hielt Carl Elsener (3) ein scharfes Auge auf den Bau und konstatierte, dass die Armierungen statisch nicht richtig verlegt waren. Die Armierungspläne wurden sofort korrigiert. Trotzdem traten noch zweimal weitere Armierungsfehler auf, die Elsener ebenfalls bemerkte. Er fragte den ausführenden Ingenieur, wie es zu so gravierenden Fehlern kommen könne. Dieser berichtete ihm, dass ein Lehrling die Pläne gezeichnet habe. Sein Chef habe ihm zu wenig Zeit gegeben, um sie überprüfen zu können. Nach der Beschwerde waren die Pläne endlich fehlerfrei. Doch es zeigte sich später, dass sich die Fundamentplatte langsam, aber stetig senkte. Mit grossen Mehrkosten musste die Pfählung mit einem Spezialverfahren nachgeholt werden. In diesem Neubau wurden ein Teil der Haushalt- und Metzgermesserfabrikation sowie die Packerei untergebracht.
Ab 1970 breiteten sich die Handelsbeziehungen weltweit aus. Briefe aus vielen Ländern der Erde trafen ein, welche über

Erlebnisse mit dem Swiss Army Knife berichteten. Manche sandten Messer zur Reparatur, welche an einen verstorbenen Menschen erinnerten, der sie täglich gebraucht hatte. Dann wurden nur die nötigsten Reparaturen ausgeführt. Die Gebrauchsspuren wurden belassen, denn sie machten den Wert des Messers aus. Viele der Briefe waren sehr emotional und liessen spüren, wie nützlich und oft lebensrettend die Messer waren. Notoperationen waren damit ausgeführt worden oder Reparaturen mitten in der Wildnis. Später sollten Expeditionsteams vom Nordpol, vom Mount Everest oder mitten aus dem Dschungel über das vielseitig verwendbare Wundermesser berichten. Dabei liess sich beobachten, wie sich das Material in Extremsituationen verhielt. Viele dieser Expeditionen waren von der Victorinox unterstützt worden.

Mit dem «Champion» gelang 1973 ein grosser Wurf. Dieses Mehrzweck-Taschenmesser mit 24 Funktionen war so eindrücklich vielseitig, dass es wie ein kleiner, handlicher Werkzeugkoffer eingesetzt werden konnte. Später sollte es sich zum «Swiss Champ» mit 33 Funktionen weiterentwickeln, welches mit 450 einzelnen Arbeitsschritten hergestellt wird. Trotzdem wiegt es nur 185 Gramm. Seine Werkzeuge werden unterschiedlich gehärtet, da ihre Belastungen und Funktionen verschieden sind. Einmal mehr ging Carl Elseners Team den kleinsten Details auf den Grund, um ein perfektes Messer zu kreieren. Das New Yorker Museum of Modern Art und das Staatliche Museum für angewandte Kunst in München nahmen den «Champion» von sich aus als Beispiel für gutes Design in ihre Sammlungen auf. Ganz abgesehen vom guten

Aussehen bewährte es sich in vielen Extremsituationen, denn auch dieses Messer wurde Begleiter von Abenteurern, Forschern und Sportlern und erlebte unzählige Herausforderungen. Meistens bewährte es sich jedoch in ganz normalen Haushalten, wo der Fantasie seiner Benutzer kaum Grenzen gesetzt werden. Für Sammler gibt es inzwischen eine Version mit achtzig Funktionen.

1978 bestellte die NASA für die Astronauten fünfzig Taschenmesser, welche sich im All ausgezeichnet bewährten. Diese Reklame bewirkte eine enorme Nachfrage. Obwohl alle Kapazitäten bis an die Grenzen ausgelastet waren, gab es grosse Wartefristen bei der Auslieferung. Die Kunden waren unzufrieden. In dieser Zeit hatten Fälscher ein leichtes Spiel, weil die Originalmesser rar geworden waren.
Carl Elsener (3) überlegte gründlich, ehe er sich zu einem grossen Neubau entschloss, welcher die Engpässe beseitigen sollte. Er wollte zuerst sicher sein, dass die Nachfrage wirklich anhielt. Zu viele Familien, die hier im Talkessel Schwyz lebten, waren von seiner Firma abhängig. Die Arbeitsplätze sollten auch in Zukunft gesichert sein. Er hatte es sich zur Gewohnheit gemacht, vor jeder Anschaffung und Investition eine möglichst genaue Kosten-Nutzenrechnung zu machen, egal ob es sich um einen einfachen Werbeauftrag oder einen grossen Neubau handelte. Bei Maschinenkäufen wählte er immer die Modelle, welche die optimalste Leistung erbrachten. Die Fabrikerweiterungen in den Sechziger- und Siebzigerjahren hatte er ohne Bankkredite gebaut. Auch dieses Mal würden die Rücklagen reichen, um den Fabrikneubau und

sämtliche Maschinen bezahlen zu können. Zusätzlich behielt er Reserven, um allfällige Krisen überwinden zu können.

Während der 1976er Rezession entschloss sich Carl Elsener zum Bauen. Nicht alle trauten der Sache. Es wurde gemunkelt, dass die Victorinox gewiss Konkurs gehen würde. Tochter Helen kam weinend von der Mittelschule heim und berichtete dies beim Mittagessen. Doch der Vater beruhigte sie. Schliesslich war es schon eine Familientradition, mitten in einer Krise zu bauen. Beim Neubau legte Carl Elsener grossen Wert auf Energiesparen und Umweltschutz. Er vergrösserte die Klimazentrale und konnte dank reduzierter Luftgeschwindigkeit den Energieverbrauch der Ventilatoren von 150 auf 70 Kilowattstunden reduzieren. Die Abwärme vom Kühlwasser der Schleifmaschinen wurde mittels Wärmepumpen für die Heizung der Fabrik, der Büros und später für die Betriebswohnungen benutzt, so dass sie praktisch kein Heizöl benötigen. Alle Wertstoffe wurden aus den Fabrikationsabfällen heraus sortiert oder ausgefiltert und wiederverwertet.

Mittlerweile sassen elf Kinder am Mittagstisch, sieben Mädchen und vier Buben. Martina war als letztes Kind 1974 zur Welt gekommen. Die sechs Schlafzimmer waren längst bis auf das letzte Bett belegt. Bei den älteren Kindern verhalf manchmal ein Paravent zu ein bisschen mehr Privatsphäre. Alle wurden dazu angehalten, im Haushalt mitzuhelfen. Mädchen wie Buben hatten dieselben Aufgaben. Rosmarie Elsener brachte es auf geheimnisvolle Art fertig, für jedes Kind im richtigen Moment da zu sein. Keines hatte das Gefühl, zu kurz zu kommen. Rosmarie schöpfte aus ihrem Glauben ein tiefes Vertrauen ins Leben und konnte damit ihren Mann in schweren Situationen stützen.

Mit dem Neubau, der 1980 betriebsbereit war, wurden die bisherigen Fabrikations-, Lager- und Büroflächen mehr als verdoppelt. Die Mitarbeiter atmeten erleichtert auf, denn die Platznot war unerträglich gewesen. Carl Elseners Mutter Elise erlebte auch diesen Umzug. Sie war jetzt achtzig Jahre alt und arbeitete immer noch im Büro. Leider brach sie sich bald nach dem Umzug das Handgelenk. Erst jetzt liess sie sich zum Ruhestand überreden. Sie wurde liebevoll von ihrer Tochter Margrit betreut und starb im Alter von 91 Jahren.

Nicola Galgano, 1946, Arbeiter

Die Reise in die Schweiz war alles andere als ein Vergnügen. Nicola Galgano war damals erst 14 Jahre alt. Der Vater hatte ihm das Geld für die Hinfahrt gegeben, keine Lira mehr. Daheim im Dorf waren sie sieben Geschwister gewesen. Einer seiner Brüder lebte schon in Schwyz und sollte ihn am Bahnhof abholen. An der Schweizer Grenze musste er aussteigen und eine Gesundheitskontrolle über sich ergehen lassen. Kranke durften nicht weiterfahren. Da wurde ihm angst und bang. Er hätte nie mehr heimfahren können, so ganz ohne Geld. Zum Glück ging alles gut. Sein Bruder erwartete ihn und half ihm, Arbeit zu finden.

Er begann als Tellerwäscher im Café Blaser. Später arbeitete er auch in der Konditorei Haug. Die Mitarbeiter machten sich oft einen Spass daraus, ihn zu necken. Sie schickten ihn in die

Backstube, um dort «Dampf» zu holen. Ein anderes Mal litt er an Bauchweh und fragte einen Viehhändler, wo der Arzt sei. Der schickte ihn gleich nebenan zum Doktor. Dass dort Tierarzt stand, fiel Nicola Galgano nicht auf. Erst als der Doktor nach der Schilderung seiner Beschwerden sagte, dass er nur Arzt für «Muh» sei, ging ihm ein Licht auf. Er wollte sich nicht mehr zum Narren machen lassen und bemühte sich, möglichst schnell Deutsch zu lernen. Im Café musste er immer Samstag und Sonntag arbeiten. Das isolierte ihn. Er wollte gern tanzen gehen wie die anderen jungen Leute und am Sonntag mit Kollegen zusammen sein. So sprach er bei Hans Bünter vor, der bei der Victorinox Personalchef war. 1970 bekam er eine Stelle in der Poliererei. Er machte fast alle Arbeiten, die dort anfielen, polierte Platinen und alle Arten von Messern. Nur wenig konnte maschinell gemacht werden. Fast alles war Handarbeit. Heute ist es umgekehrt. Nicola Galgano trauert manchmal der alten Handarbeit nach. Doch er begreift, dass sie heute zu teuer ist.

Manchmal wurde er als Aushilfe für kranke Kollegen auf andere Abteilungen versetzt. Die Arbeit war kein Problem. Doch er ärgerte sich, als er in der Wäscherei weniger verdiente als vorher. Er dachte sich, dass sie dankbar sein müssten, dass er dort einspringe. Er reklamierte im Lohnbüro und beim Vorarbeiter, was leider nichts half. So ging er direkt zu Carl Elsener(3) und schilderte ihm sein Problem. Schliesslich hatte Nicola Galgano inzwischen geheiratet und war auf seinen normalen Lohn angewiesen. Das erste Kind, ein Mädchen, war mit Spina bifida zur Welt gekommen. Die schwere Rückenerkrankung verursachte grosse Probleme. Der Chef hörte ihm zu und verhalf ihm sofort zum normalen Lohn. Darüber hinaus waren er und seine Frau Rosmarie immer bereit, auch bei privaten Schwierigkeiten zu raten und zu helfen. Als die kleine Tochter an ihrem Geburtsgebrechen starb, tröstete ihn der Chef und sagte: «Sei nicht traurig. Das Kind ist ein Engel, welches im Himmel für dich betet. Es hilft, dass alles wieder gut wird.»

Nicola Galgano schüttelt den Kopf und sagt: «Die beiden waren mir näher als meine eigenen Eltern. Wir hatten so viele Probleme und immer waren sie da und halfen uns. Selbst am Sonntag stand ihre Türe offen. Ihre Kinder waren wie Geschwister zu mir.» Lachend erzählt er von Carl junior, der ein wilder Bub war. Einmal habe er seinem Vater am 1. April gesagt, dass die Fabrik brenne. Dieser stürzte zu Tode erschrocken ans Fenster und begriff erst danach, dass er einem Aprilscherz auf den Leim gegangen war.

Es brauchte noch einige Schicksalsschläge, bis das Leben endlich gut wurde. Galganos Frau erlitt noch sieben Fehlgeburten. Doch sie wünschten sich sehnlich ein Kind. Als seine Frau wieder schwanger wurde, bat er um ein Jahr Urlaub für sie. Sie arbeitete auch für die Victorinox. Der Chef war sofort einverstanden. Dieses Mal verlief die Schwangerschaft problemlos. Leider war Nicola Galgano schwer krank, als der Geburtstermin näher rückte. Als seine Frau in die Wehen kam, musste er am selben Tag operiert werden. Seine Frau durfte das nicht wissen. Sie hätte sich sonst zu sehr aufgeregt. Vater und Sohn Elsener gingen stellvertretend für ihn zur Frau und sahen den kleinen Mario als erste. Unmittelbar danach standen sie an Galganos Krankenbett und berichteten strahlend, dass er

Vater geworden sei. Dieser Moment hat sich Nicola Galgano tief eingegraben. Als er davon erzählt, kommen ihm fast die Tränen. Er sagt: «Ich glaube nicht, dass es auf dieser Welt einen besseren Chef gibt als Carl Elsener (3).»
Als später noch eine gesunde Tochter geboren wurde, war das Familienglück komplett. Beide Kinder waren intelligente Schüler und durften eine gute Ausbildung machen. Der Sohn Mario arbeitet im Vatikan als Sprecher der Bischofskonferenz, was seine Eltern sehr stolz macht. Die Tochter ist Lehrerin an einer Rudolf Steiner Schule. Nicola Galgano ist dankbar, dass er seinen Kindern einen guten Start ins Leben ermöglichen durfte.

In drei Jahren wird Nicola Galgano pensioniert. Zum Glück hat er Hobbys. Er interessiert sich sehr für hiesige Namen. Er geht ihnen nach und sucht die Ursprünge. Schon oft hätten Schweizer zu ihm gesagt, dass er mehr darüber wisse als sie. Trotzdem fürchtet er den Moment der Pensionierung. Von dieser Firma wegzugehen ist alles andere als einfach. Er hat so Freude daran, hier zu sein. Die Fabrik ist ein Stück weit sein Daheim. Hier hat er auch in wirtschaftlich schwierigen Zeiten seinen Lohn bekommen. Nachdenklich sagt er: «Wir sind ‹Chrampfisiächä›. Auch meine Brüder sind so. Wir haben immer viel gearbeitet und wollten unseren Lohn ehrlich verdienen. Die Familie Elsener hat nie zwischen Schweizern und Ausländern unterschieden. Sie haben sich sogar für die Einbürgerung ihrer Angestellten eingesetzt.» Leiser setzt er hinzu: «Ich habe den Seniorchef so vermisst, als er krank war. Ich sah ihn immer mit dem Velo zur Arbeit fahren, bescheiden wie ein einfacher Arbeiter. Trotz seinem hohen Alter kam er jeden Tag. Er hat so Freude an seinen Mitarbeitern, an allen, nicht nur an einigen.»

Wenn Nicola Galgano jetzt nach vierzig Arbeitsjahren zurückblickt, findet er keinen einzigen Moment, in dem er sich eine andere Arbeit gewünscht hätte. Natürlich war es nicht immer einfach. Manchmal wurde etwas beanstandet, weil irgendwo ein kleiner Fehler war. Nicht alle Tage sind gut. Einmal sagte sein Chef zu ihm: «Hör zu, Galgano. Die Menschen sind wie das Wetter. Es gibt nicht nur schönes Wetter, sondern auch Wolken!» Doch das schöne Wetter überwog bei weitem.

Teamarbeit

In den Achtzigerjahren wurde die Welt zunehmend mobiler. Geschäftsleute, die viel auf Reisen waren, schätzten das Schweizer Taschenmesser wegen seiner vielfältigen Möglichkeiten. Mittlerweilen beinhaltete es sogar einen patentierten Mini-Schraubendreher, mit dem sich Brillen reparieren liessen. Dieser Wunsch war von einem Kunden an Carl Elsener (3) herangetragen worden. Er hatte zusammen mit seinem Team überlegt, wo sich dieser Schraubendreher unterbringen liesse. Schlussendlich waren sie auf die Idee gekommen, ihn beim Korkenzieher einzudrehen. Teamarbeit ist für Carl Elsener enorm wichtig. Er sagt zu diesem Thema: «Nur mit Zusammenarbeit erzielt man die besten und ausgereiftesten Lösungen. Dadurch werden Fehler vermieden und es spart auf die Dauer Zeit und Kosten. Wenn drei oder vier Personen ein Produkt entwickeln, besteht weniger Gefahr, dass einige Punkte überbewertet und andere vernachlässigt oder sogar übersehen werden.»

Die Geschäftslage war und blieb ausgezeichnet. Der Neubau hatte sich in jedem Fall gelohnt. Die amerikanische Fernsehserie «MacGyver», die seit 1985 ausgestrahlt wurde, war ein Stück weit für die grosse Nachfrage verantwortlich. Der Superagent dieser Serie trug nie eine Waffe. Stattdessen verliess er sich auf sein SAK («Swiss Army Knife») mit dessen Hilfe er sich aus allen bedrohlichen Situationen rettete. Die Serie wurde auch in Frankreich und Deutschland ausgestrahlt und veranlasste viele Kinder und Jugendliche dazu, sich ein solches Wundermesser zu wünschen.

Einem Grundprinzip blieben sie bei jeder Neuentwicklung treu: Die Messer sollten jederzeit als typisches Victorinox-Produkt erkennbar sein. Dank dieser Strategie war die Marke Victorinox unverwechselbar geworden. Daran änderten weder neue Materialien noch die modernste Technik etwas. Durch jedes dieser neu entwickelten Taschenmesser schimmert bis heute die ursprüngliche Form, welche Karl Elsener (1) entwickelt hatte.

Trotz geschäftlicher Erfolge blieb Carl Elsener (3) bescheiden. Bis zu seinem 86. Altersjahr fuhr er täglich mit dem Fahrrad zur Arbeit und trug denselben blauen Arbeitskittel wie seine Angestellten. So verwundert es nicht, dass ihn eines Tages ein auswärtiger Chauffeur ansprach und darum bat, beim Entladen seines Lastwagens zu helfen. Selbstverständlich war Elsener dazu bereit. Von ihm aus gesehen ist jede Arbeit in einem Betrieb wichtig. Viele Mitarbeiter bleiben der Victorinox ein ganzes Berufsleben lang treu. Seine Angestellten und ihre Schicksale gehen Carl Elsener und seiner Familie nah. Er fühlt sich für seine Leute verantwortlich und hilft ihnen oft weiter, wenn sie Sorgen haben. Es liegt ihm viel daran, im Betrieb ein Klima des Vertrauens zu schaffen. Dazu gehört auch, dass selbst für höchste Kaderfunktionen keine überhöhten Gehälter bezahlt werden. Sie müssen immer in vernünftiger Relation zum Einkommen eines Arbeiters stehen. Alles andere würde nicht verstanden und könnte den Arbeitsfrieden gefährden.

Carl (4) hatte inzwischen seine wilden Bubenjahre abgestreift und stand seinem Vater tatkräftig zur Seite. Sie ergänzten sich hervorragend und respektierten sich. Auch hier entstand durch Teamarbeit viel Gutes. Unterschiedliche Blickwinkel flossen so zusammen, dass sich Neues entwickeln konnte. Das hinderte sie selbstredend nicht daran, zwischendurch verschiedener Meinung zu sein. Wenn Carl Elsener (3) von einer Sache überzeugt war, liess er sich von niemandem davon abbringen, auch nicht vom eigenen Sohn. Er war fähig, im richtigen Moment schnelle Entscheidungen zu treffen, die zukunftsweisend waren. Vater und Sohn teilten sich mit der Zeit die Leitung der Firma. Im Betrieb unterscheidet man sie noch heute als Seniorchef und Juniorchef.

Wenn Carl Elsener (3) auswärts essen ging, verschenkte er oft kleine Taschenmesser anstelle eines Trinkgelds. Fragte ihn das Servicepersonal, ob er für die Victorinox arbeite, bejahte er. Heimlich war er stolz darauf, für einen Arbeiter gehalten zu werden. Seine Frau Rosmarie wehrte sich oft und bemerkte, dass er der Seniorchef sei. Sie war zwar bescheiden. Aber sie war doch der Ansicht, dass er zu seiner Funktion stehen dürfe. Schliesslich war diese Firma der Mittelpunkt seines Lebens, um das sich alles drehte.

1984 wurde die Victorinox hundert Jahre alt. 810 Mitarbeiter feierten diesen besonderen Tag zusammen mit der Familie Elsener. Jeder bekam einen zusätzlichen Monatslohn und als besonderes Geschenk pro fünf Dienstjahre je ein «Goldvreneli». Selbst die Pensionierten und die Witwen ehemaliger Mitarbeiter erhielten eine zusätzliche Monatsrente. Ein Jubiläumsbuch hielt die Firmengeschichte fest. Carl Elseners Tochter Marlis machte damals ihre kaufmännische Lehre im väterlichen Betrieb. Die anderen Angestellten wunderten sich, dass sie als Mitglied der Unternehmerfamilie ebenfalls in der Schlange stand, welche auf das Jubiläumsgeschenk wartete. Doch auch das gehörte zur Philosophie ihres Vaters. Die eigenen Kinder waren nicht besser gestellt als die übrigen Angestellten. Für einen kleinen Augenblick gönnten sich alle eine Pause, blickten zurück und waren zufrieden mit dem Erreichten.

Immer wieder gelang es neue Produkte zu entwickeln, die auf dem internationalen Markt begeistert aufgenommen wurden. 1990 integrierte die Victorinox eine Uhr in die Griffschale. Schweizerischer konnte ein Taschenmesser kaum daherkommen. Häuften sich Anfragen nach einem bestimmten Produkt, wurde die Machbarkeit genau unter die Lupe genommen. Es musste sich immer um ein sinnvolles Produkt handeln, welches für viele von Nutzen sein würde. Carl Elsener hütete sich jedoch davor, allzu viele Neuheiten auf den

Markt zu bringen. Jede Neuentwicklung brauchte spezielle Fabrikationswerkzeuge und Maschinen. Für kurze Modegags waren die Entwicklungskosten zu gross. 1992 schuf sein Team ein GolfTool, welches seitdem zur Standardausrüstung ambitionierter Golfer gehört. Das 1997 entwickelte Swiss-Tool wurde zum treuen Begleiter von vielen Handwerkern. Mit der Swisscard, die im selben Jahr auf den Markt kam, beschritt Victorinox neue Wege. Hier verliess man die Form des Messers und brachte dreizehn Funktionen in einer Plastikkarte unter, welche Form und Grösse einer Kreditkarte hat. Die Karte erinnert trotzdem auf raffinierte Art und Weise an die altbewährten Messer. Nicht ohne Grund erhielt die Swisscard beim «Red Dot Award» den Titel «Best of the Best », die höchste Auszeichnung für Produktdesign. Dieser Award zählt zu den renommiertesten international anerkannten Design-Wettbewerben der Welt. Es blieb nicht nur bei Preisen für ausgezeichnete Produkte. Die Victorinox erhielt unter vielen weiteren Auszeichnungen auch den Innovationspreis der Schweizerischen Handelskammer.
Die Nachfrage nach Taschenmessern stieg zwischen 1990 bis 1993 immer mehr an. Arbeiter und Maschinen hatten kaum mehr Platz in den Fabrikräumen. Carl Elsener (3), sein Sohn und enge Mitarbeiter planten eine Fabrikerweiterung, welche die Produktionskapazität der Taschenmesser auf 180 Prozent erhöht hätte und die der Haushalt- und Berufsmesser auf 125 Prozent. Als die Baupläne bis ins letzte Detail ausgearbeitet waren, nahmen die Aufträge plötzlich ab. Sie entschlossen sich, mit der Erweiterung noch zu warten. Dass dies ein kluger Entscheid gewesen war, zeigten die Attentate

vom 11. September 2001 in New York. Statt der geplanten Steigerung auf 180 Prozent erfolgte ein Einbruch auf 60 Prozent. Dies hatte nicht nur wirtschaftliche Gründe. Weil die Messer aus Angst vor weiteren Attentaten in Flugzeugen verboten wurden, brachen die Verkäufe in den Duty Free Shops massiv ein. Durch Umstrukturierungen und weitere Massnahmen konnte auch diese schwierige Zeit ohne Entlassungen durchgestanden werden.

Der weltweite Konkurrenzkampf zwang immer mehr zur Rationalisierung. Es galt den Qualitätsstandard zu halten, ständig schneller zu werden und tiefe Preise zu garantieren. Dass diese Herausforderung gelang und weiterhin gelingt, hat viel mit hoch motivierten Mitarbeitern zu tun, die voll und ganz hinter ihrer Firma stehen. Die Zukunft seiner Belegschaft liegt Carl Elsener sehr am Herzen. Um die Arbeitsplätze langfristig zu sichern gründete die Familie im Jahr 2000 die Victorinox-Unternehmensstiftung. 78.4 Prozent des Aktienkapitals der Victorinox AG wurde in die Stiftung eingebracht. Damit sollte verhindert werden, dass die Firma durch Erbteilung geschwächt würde. Alle elf Kinder waren damit einverstanden. Sie sehen die Firma als Aufgabe, welche die Familie wahrnimmt. Es ist ihnen ein Anliegen, sozial Schwächere zu unterstützen. Die Familie engagiert sich auch für Sport, für Kultur und für Umweltanliegen. Dabei wird auf ein breites Spektrum geachtet. Es soll kein einzelnes Projekt und Anliegen überbetont werden.

Die Victorinox hat sich stark weiterentwickelt. Längst vertreibt sie nicht nur Messer, sondern hat die hohen Qualitätsanforderungen auf zusätzliche Produkte ausgedehnt, welche die Messer optimal ergänzen. 2001 wurden erstmals alle fünf Victorinox Produktkategorien – Taschenwerkzeuge, Haushalt- und Berufsmesser, Uhren, Reisegepäck und Bekleidung – in einem Flagshipstore im Stadtteil Soho in New York präsentiert. 2008 folgte ein gleiches Verkaufslokal an exklusiver Adresse in London.

Die gegenwärtige Wirtschaftskrise macht weltweit Sorgen, auch der Victorinox. Hier kann der Blick zurück in die Vergangenheit helfen. In der langen Firmengeschichte lösten sich Krisen und Erfolge immer wieder ab. Es gab fette und magere Jahre. Carl Elsener (3) achtete stark darauf, in guten Jahren Reserven zu schaffen, damit schwierige Zeiten ohne Entlassungen durchgestanden werden können. Der Betrieb schüttete nie Dividenden aus. Alle Gewinne flossen zurück in die Firma, um sie gesund und widerstandsfähig zu halten. Der Seniorchef zitiert gerne eine Schlagzeile, welche er 2008 in der Schweizer Handelszeitung gelesen hat: «Ohne Reserven keine Rettung.»

Neben dem Messerschmied-Bild auf der Fassade des Fabrikgebäudes in Ibach hat Carl Elsener (2) die Worte «Dominus providebit» – Der Herr wird vorsorgen – in Stein meisseln lassen. Daraus schöpfen er und die ganze Familie immer wieder Kraft für die tägliche Arbeit und Vertrauen in die Zukunft der Victorinox.

Rolf Schäuble, 1967, Elektroplaner,
Präsident Betriebskommission

Verschiedentlich wurde Rolf Schäuble von Mitgliedern anderer Betriebskommissionen gewarnt: «Passt auf! Ihr solltet Euch einer Arbeitnehmervereinigung anschliessen. Wenn es je einmal zu Entlassungen kommt, habt Ihr als Betrieb Probleme!» Man bezeichnete die Victorinox auch als Trittbrettfahrer, weil sie zwar gewisse Dinge von aussen übernahm, sich jedoch keinem Verband anschliessen wollte. Sie hat nicht einmal einen Gesamtarbeitsvertrag. Es gibt eine Einführungsschrift für jeden Mitarbeiter und jede Mitarbeiterin. Darin sind die wichtigsten Dinge vermerkt. Ansonsten gilt das Arbeitsgesetz. Rolf Schäuble kann verstehen, dass Aussenstehende Bedenken haben. Wer jedoch in den Betrieb hineinsieht und die Philosophie der Unternehmensleitung kennt, wird sich schnell wieder beruhigen. Bis jetzt wurden keine Mitarbeiter ausgebeutet und die Arbeitsbedingungen waren so korrekt, wie es sich eine Betriebskommission nur wünschen kann. Diese Kommission gibt es bereits seit den Fünfzigerjahren. Damit war die Victorinox ihrer Zeit weit voraus. Erst seit 1994 ist eine Vertretung der Arbeitnehmer innerhalb einer Firma obligatorisch, wenn sie mehr als fünfzig Personen beschäftigt.

Rolf Schäuble war von 1997 bis 2007 Präsident der Betriebskommission und hat während dieser Zeit einiges gelernt. Vor allem der Blick hinter die Kulissen der Unternehmung faszinierte ihn. Was er sah, wich grösstenteils von dem ab, was allgemein an Universitäten über Betriebsführung gelehrt wird. Es gibt grundsätzliche Überlegungen, die sich wie Leitlinien durch alles hindurch ziehen. Die Angestellten sind Teil des Unternehmens. Entscheidungen werden so gefällt, dass die Firmenleitung ihren Mitarbeitern jederzeit in die Augen sehen kann. Dabei muss es immer zwei Gewinner geben: die Unter-

nehmer und die Belegschaft. Einseitige Lösungen sind schlecht und führen zu Unzufriedenheit. Wachstum ist erwünscht. Aber es soll sich in Grenzen halten. Langsames Wachstum und langsame Veränderungen können unter Kontrolle gehalten werden. Selbst Fehler sind so erlaubt. Denn auf diese Weise geht man nur mit kleinen Schritten in eine falsche Richtung. Eine Korrektur ist leicht möglich. Doch bei grossen Schritten wären die Folgen fatal. Gerade in der jetzigen Zeit, in der viele äussere Faktoren über Erfolg oder Misserfolg entscheiden, zahlt sich diese vorsichtige Politik aus. Die weltweiten Handelsbeziehungen sind schnelllebig geworden. So freut man sich zwar über einen Grossauftrag. Wenn immer möglich versucht man jedoch, grosse Bestellungen über einen längeren Zeitraum zu erledigen. Es macht wenig Sinn, kurzfristig Leute anzustellen, die danach keine Arbeit mehr haben. Viel wichtiger ist es, die bestehende Belegschaft optimal zu beschäftigen. Natürlich gelingt das nicht immer. Nach den Attentaten vom 11. September 2001 in den USA brach die Auftragslage plötzlich ein. Gegen hundert Angestellte hätte man eigentlich entlassen müssen. Doch die Firmenleitung fand andere Wege und konnte sogar Kurzarbeit umgehen. Carl Elsener (3) wehrte sich dagegen, die Arbeitslosenkasse für seine Mitarbeiter in Anspruch zu nehmen. Schliesslich hatte er in guten Jahren Reserven angelegt und konnte so die Krise eigenständig überwinden. Das Problem sollte auf keinen Fall auf dem Rücken von Arbeitern ausgetragen werden, die wenig eigene Ersparnisse hatten. In dieser Zeit zahlte die Firma weiterhin den Teuerungsausgleich und eine Gratifikation. Die «Familie» und dazu gehören sämtliche Angestellten der Firma, sollten nicht für Dinge büssen, die sie nicht selbst mitverursacht hatten. Solche Dinge werden nicht laut verkündet und laufen still im Hintergrund ab. Ein gegebenes Wort wird immer eingehalten.

Der Seniorchef legte grossen Wert auf die Eigenverantwortung seiner Mitarbeiter. Er liess es nicht zu, dass sie das soziale System ausnützten. Das wird immer noch so gehandhabt. Bei Krankheit und Unfällen werden die ersten drei Tage nicht bezahlt. Das klingt im ersten Moment alles andere als sozial. Doch es macht Sinn. Wer bei geringen Beschwerden daheim bleibt oder immer wieder ein paar Tage «blau» macht, muss selber dafür grad stehen. Risikosport fällt auch darunter. Ende des Jahres werden die Löhne jedoch kontrolliert. Mitarbeiter, die unverschuldet krank waren, bekommen dann einen Zuschuss aus der Personalfürsorgestiftung. Doch ansonsten wird erwartet, dass jede Mitarbeiterin und jeder Mitarbeiter zur eigenen Gesundheit Sorge trägt.

Bei allgemeinen Finanzkrisen tauchte schnell die Angst auf, ob die Angestelltenkasse und auch die betriebseigene Pensionskasse sicher seien. Jedes Mal zeigte es sich, dass die Gelder solide angelegt sind. Man geht grundsätzlich keine Risiken ein. Da es keine hohen Managerlöhne gibt, wird der erwirtschaftete Gewinn in das Unternehmen gesteckt. Selbst in guten Jahren steigen die Löhne nicht mehr an als in anderen Jahren. Schliesslich soll der Verdienst auch in auftragsschwachen Zeiten für alle reichen. Auch sonst ist die Unternehmensphilosophie vernünftig. Schulden werden keine gemacht. Anschaffungen gibt es nur, wenn sie bezahlt werden können. So kann

die Firma die fixen Kosten tief halten und wirtschaftliche Stürme richten nicht so schnell grossen Schaden an.
Viele Entscheidungen werden aus gesundem Menschenverstand heraus getroffen. Da ist keine Gier nach immer grösseren Umsätzen. Der religiöse Hintergrund ist sehr stark spürbar. Immer wieder wird die Frage gestellt, was ethisch sei und was nicht. Die Produkte müssen Sinn machen, sollten hilfreich sein und lange halten, damit Ressourcen geschont werden. Es macht Mitarbeitern viel mehr Freude, wenn sie für ein Produkt arbeiten, das sinnvoll ist.
Im Betrieb gibt es eine grosse Solidarität mit Menschen, die unverschuldet in Not geraten. Der Bergsturz in Gondo war eines der Ereignisse, das alle sehr betroffen machte. Damals wurde die Betriebskommission von der Belegschaft gebeten, eine Sammlung für die Glückskette zu organisieren. Der gesammelte Betrag wurde von der Familie Elsener grosszügig aufgestockt. Nur bei der Hilfe für die Tsunami-Opfer reagierte Carl Elsener senior zurückhaltend. Er bemerkte, dass jetzt ein Wettrennen stattfinde, wer wie viel spende. Die Presse veröffentlichte sogar die Beiträge der verschiedenen Firmen. Schlussendlich beugte sich der Chef dem Druck, der von allen Seiten kam. Er hätte lieber anderswo geholfen, bei einer der vielen Katastrophen, über die kaum in den Medien berichtet wird. Er wusste, dass genau dort die bitter notwendige Hilfe ausblieb, weil alle für dieses Jahr schon gespendet hatten.

Eigentlich hat eine Betriebskommission in dieser Firma wenig zu tun. Trotzdem ist sie eine Art «Temperaturmesser». Unzufriedenheiten können schnell wahrgenommen und kommu-

niziert werden. Ein kleines Beispiel ist das Rauchverbot, das vor kurzem erlassen wurde. Drei Jahre trug man sich schon mit dem Gedanken. Doch erst jetzt war die Zeit reif dazu. Der Entscheid sollte auch von der Belegschaft mitgetragen werden. Ein heikles Thema sind normalerweise die Lohnverhandlungen. Doch selbst hier ist der Einsatz der Betriebskommission nicht nötig. Die Firmenleitung erhöht die Löhne von sich aus. Jedes Jahr steigen sie ein wenig an. Man muss nicht darum bitten, kann sich einfach darauf verlassen. Gibt es dennoch Probleme, sitzt die Kommission mit der Geschäftsleitung zusammen und sucht gemeinsam nach Lösungen, die für beide Seiten stimmen. Zum Glück kommen solche Themen selten vor. Viel öfter organisiert die Betriebskommission gesellige Firmenanlässe oder macht Apfelaktionen, um in den kalten Wintermonaten für genügend Vitamine zu sorgen.

Rolf Schäuble stellt alles in allem eine gute Arbeitszufriedenheit fest. Natürlich gibt es auch in diesem Betrieb Dinge, die nicht perfekt sind. Aber das Gesamtpaket stimmt. Der Arbeitsplatz ist sicher, die hergestellten Produkte sind sinnvoll und qualitativ gut. Auch einfache Angestellte werden als Teil der Firma wahrgenommen und fühlen sich zugehörig. Eigentlich braucht es hier gar keine Gewerkschaft, um Reklamationen vorzubringen. Rolf Schäuble sinniert, ob es wohl anderswo eine vergleichbare Firmenpolitik gibt. Er fand es sogar manchmal schade, dass der Seniorchef Carl Elsener so bescheiden ist. Eigentlich sollte dieser Führungsstil publik gemacht werden, der fast allen gegenwärtigen Tendenzen entgegenläuft. Und doch: Es funktioniert.

Eine starke Familie

Der Tod seiner Frau Rosmarie im Jahr 2007 war ein schwerer Schlag für Carl Elsener (3). Er ist froh, dass sie 2004 gemeinsam den 50. Hochzeitstag erleben konnten. Alle elf Kinder waren dabei. Drei Schwiegersöhne, drei Schwiegertöchter, achtzehn Enkel und nahe Verwandte feierten mit dem Paar. Carls Bruder Adolf, der zufällig auf Heimaturlaub war, hielt die berührende Hochzeitsmesse in der Bundeskapelle in Brunnen. Ein kleines Extraschiff mit Musik an Bord fuhr sie zum Hotel Hermitage, wo sie vor fünfzig Jahren ihre Hochzeit gefeiert hatten. Jetzt sassen sie inmitten ihrer grossen Familie und waren zutiefst dankbar, dass sie sich damals gefunden hatten.

Carl Elsener (3) berichtet, dass er nie eine ernsthafte Auseinandersetzung zwischen seinen Kindern beobachtet habe. Alle stünden füreinander ein. Sie stehen auch ihm zur Seite und lassen ihn nicht allein. Noch heute geht er fast täglich in die Firma. Es freut ihn, dass sechs seiner Kinder dort tätig sind. Carl Elsener (4) ist seit 2007 Präsident des Verwaltungsrats der Victorinox AG und leitet die Firma. Im Sekretariat und in der Buchhaltung arbeiten die Töchter Irene, Marlis und Martina. Peter Elsener leitet die Informatikabteilung und Robert Elsener ist für die Qualitätskontrolle zuständig. Zudem sind drei Schwiegersöhne für die Firma in Ibach tätig. Der jüngste Sohn Paul arbeitet in den USA und führt dort einen Laden mit Victorinox-Produkten.

Eine Herzoperation hat Carl Elsener (3) müde gemacht. Die Angestellten sorgten sich um den Seniorchef und sandten

Genesungswünsche mit 900 Unterschriften ins Rehabilitationszentrum in Seewis. Alle sind froh, dass er wieder in die Firma kommt. Viele gehen spontan auf ihn zu und geben ihm die Hand. Sie sagen nicht viel. Und doch wird spürbar, wie sehr sie ihn schätzen.

Josef Gisler, 1963, Arbeiter – Karl Heinzer, 1947, Arbeiter

Zur Belegschaft der Firma gehören auch Menschen mit körperlicher Behinderung. Manche von ihnen arbeiten seit Jahrzehnten hier. Sie gehören ganz selbstverständlich mit dazu und fügen sich ohne viel Aufhebens in ihre jeweiligen Abteilungen ein.

Josef Gisler von Steinen arbeitet schon 29 Jahre für die Firma. Er bewältigt ein halbes Pensum während der vollen Arbeitszeit. Seine Gehbehinderung begleitet ihn seit seiner Jugend. Richtig deutlich wurde sie im Erwachsenenalter. Er kann nur sitzend arbeiten und nicht von einer Maschine zur anderen gehen. Dadurch braucht er mehr Zeit als andere. Er richtet oder locht. Die Tätigkeiten wechseln sich ab. Stolz erzählt er von seiner grossen Familie mit sechs Kindern. Die älteste Tochter arbeitet in der Verwaltung des Mythen Centers Schwyz und das Jüngste ist knapp zwei Jahre alt. Dank seiner Tätigkeit konnte er die Familie selbständig durchbringen. Er ist glücklich über die Wertschätzung, die er hier als einfacher Arbeiter erfährt. Die Firmenleitung stimmt und das ist ihm das Wichtigste.

Karl Heinzer kam vor 44 Jahren in die Firma, als er noch sehen konnte. Das half ihm dabei, die Arbeitsabläufe einzuüben.

Doch jetzt ist er schon viele Jahre blind. Die Krankheit liegt in der Familie. Zwei weitere Brüder und eine Schwester arbeiteten auch hier. Beide Brüder wurden während ihrer Aktivzeit blind. Einer war 51, der andere 46 Jahre für die Victorinox tätig. Karl Heinzer ist der letzte der Brüder, der noch hier arbeitet. Er montiert Messer und verlässt sich dabei auf sein Gespür. Er ist dankbar und stolz, dass er hundertprozentig arbeiten kann und keine Invalidenrente beziehen muss. Das gibt ihm das Gefühl, ein vollwertiges Mitglied der Gesellschaft zu sein. Manchmal tut es ihm schon weh, dass er nicht mehr sehen kann. Er liebt die Natur und geht gerne auf Bergtouren. Doch seine Frau kann ihn aus gesundheitlichen Gründen nicht mehr begleiten. Kinder haben sie keine. Er wollte die Krankheit nicht weitergeben.

Die Verbundenheit mit der Firma ist sehr stark. Nie würde er die Stiftmesse verpassen, welche am ersten Arbeitstag im Neuen Jahr für die Victorinox gelesen wird. Wer von der Firma dabei sein möchte, nimmt daran teil. Gemeinsam bitten sie um den Schutz Gottes während des Arbeitsjahrs, um Verhütung von Unfällen und um Arbeit. Diese Messe hat etwas zutiefst Berührendes und Feierliches. Alles fliesst eindrücklich zusammen: die Musik der Bläsergruppe, die Gebete für die verstorbenen Angestellten. Über den Tod hinaus wird niemand vergessen, gehört immer noch dazu. Nach dieser Andacht fühlt sich Karl Heinzer getragen und beschützt.

In seiner Abteilung ist es ihm wohl. Sein Vorarbeiter, Andreas Christen, ist erst ein Jahr auf diesem Posten. Er ist noch jung, genau wie sein Vorgänger. Karl Heinzer schwärmt von den letzten Jahren, die für ihn die schönsten waren. Sein Vorarbeiter geht sehr menschlich und einfühlsam mit ihm um. Bei Problemen kann er sich melden und bekommt Unterstützung. Er hilft ihm dabei, gewisse Wege selbständig machen zu können. Neue Kolleginnen oder Kollegen werden darauf hingewiesen, dass sie zu ihm Sorge tragen und ihn begleiten. Sein Vorarbeiter besuchte sogar das Restaurant «Blinde Kuh» in Zürich, wo Gäste im Dunkeln von Blinden bedient werden. Er wollte spüren, wie sich Blindsein anfühlt. Diese Erfahrung hilft ihm dabei, Karl Heinzer auf behutsame, respektvolle Art zu unterstützen.

Carl Elsener (4)

Eine Trennung zwischen Privatleben und der Firma gab es in Carl Elseners (4) Kindheit kaum. Die Firma gehörte sozusagen zur Familie. Viele Gespräche am Mittagstisch drehten sich um Geschäftliches. So wuchsen die Kinder ganz natürlich in die Materie hinein. Schon als Dreijähriger war Carl allein in der Firma unterwegs. Sie zog ihn fast magisch an. Die Arbeiter waren freundlich zu ihm und zu seinen Geschwistern. Vor Weihnachten gab es so viele Werbeaufträge, dass auch die Kinder bei der Verpackung der Taschenmesser mithelfen durften. Sie liebten diese Arbeit und wetteiferten, wer in kürzester Zeit tausend Taschenmesser einpacken könne. Jedes der Kinder hatte seine eigenen Rekorde. Carl war der Schnellste beim Verpacken der Messer in Etuis, eine der Schwestern konnte Schachteln unglaublich schnell falten. Dabei verdienten sie sich ihr erstes Taschengeld.

Carl war ein ungestümer Lausbub, der dauernd Streiche ausheckte. Am liebsten hielten sich die Kinder in der Kontrollabteilung auf, wo die fertigen Messer von vielen, flinken Händen geprüft wurden. Kein einziges fehlerhaftes Stück durfte die Fabrik verlassen. Der Chef dieser Abteilung war Hans Bünter, der spätere Personalverantwortliche. Er und seine Mitarbeiter schüttelten oft den Kopf, wenn sie den wilden Buben beobachteten. Der sollte ihr späterer Chef werden! Da konnten sie sich auf einiges gefasst machen! Wenn man heute den besonnenen, klar denkenden Carl Elsener (4) beobachtet, sind diese Befürchtungen nicht eingetroffen.
Kein Wunder ist eine von Carls ersten Erinnerungen eng mit der Firma verknüpft. Da ging er an der Hand der Mutter in die Packerei, wo das Weihnachtsfest für das Personal stattfand. Der sonst so funktionale Raum sah fremd und feierlich aus. Kerzen brannten. Jemand spielte Musik und alle bekamen ein Geschenk. Schon als kleiner Knabe musste er ein Gedicht vortragen, was die Belegschaft sehr berührte.

Wenn ausländische Vertreter in die Firma kamen, waren die Kinder oft mit dabei. Sie mussten die Vertreter begrüssen und durften später mit am Verhandlungstisch sitzen. Selbst wenn sie unter den Stühlen herumkletterten, machte das nichts aus. Vor allem Dick Prentiss, der Vertreter aus den USA, beeindruckte Carl stark. Er war ein grosser, korpulenter Mann mit Zigarre, der oft zum Vater sagte: «Keep the pipeline full!» Die Produktion hinkte damals oft dem Bestellungseingang hinterher. Carl stellte sich eine gewaltige Pipeline vor, die ständig mit Messern gefüllt werden musste. Viele der Vertreter kamen seit Jahren und hatten eine freundschaftliche Beziehung zur Familie Elsener. Schon als Kind hatte Carl das Gefühl, dass sie alle zur selben grossen Familie gehörten. Mit der Grossmutter Elise Elsener waren es drei Generationen, welche im Geschäft mitarbeiteten. Grossmutters Sparsamkeit war legendär. An Abenden durchstöberte sie die Papierkörbe in den Abteilungen. Da kam viel Papier zum Vorschein, welches erst auf einer Seite beschrieben war. Am schulfreien Mittwochnachmittag musste der kleine Carl die beschriebene Seite mit einem gelben Stift durchstreichen. Die leere Seite wurde als Notizzettel weiter verwendet. Einmal markierte er eine ganze Ferienwoche lang Papiere, was ihm ein Taschengeld von fünf Franken eintrug. Das war viel Geld für damals und er fühlte sich als reicher Mann! Es kam schon mal vor, dass die Telefone heiss liefen, weil sich empörte Kunden beschwerten, dass ihre Aufträge nicht ausgeführt worden waren. Ihre Bestellungen waren in Grossmutters Stapel gerutscht, als sie ihn auf dem Schreibtisch des Verkaufschefs abgelegt hatte. Deswegen gehörte es auch zu Carls Aufgabe, die Seiten genau zu prüfen, ehe er sie mit dem gelben Stift markierte. Im Andenken an Elise Elsener wird noch heute aussortiertes einseitig beschriebenes Papier zu Notizblöcken zugeschnitten.

Vater Elsener erzählte wenig von der Vergangenheit. Zum Glück hielt er einiges über die Entwicklung des Soldaten- und des Offiziersmessers im Jubiläumsbuch zum hundertsten Geburtstag der Firma fest. Ab und zu erinnerte er sich an Details, die nirgendwo verzeichnet sind. 1891 kamen immer wieder defekte Messer von der Armee zurück, welche Karl Elsener (1) in tadellosem Zustand geliefert hatte. Die schwarzen Holzschalen des Griffs hatten grosse Risse. Dies konnte sich niemand erklären, denn die übrigen Messer im Ibächler Lager waren einwandfrei. Karl Elsener ging persönlich nach Bern und erkundigte sich bei den zuständigen Leuten. Dabei stellte es sich heraus, dass die Messer durch einen Kontrolleur in Bern beschädigt worden waren. Ein ausländischer Konkurrent hatte ihn bestochen.

Selbstredend trägt Carl Elsener (4) immer ein Taschenmesser bei sich und benutzt es bei allen möglichen Gelegenheiten. Im Ausland beobachtet er vor allem bei Schweizern und Deutschen, dass sie ihr Messer für spontane Reparaturen benutzen. So braucht man niemandem zu rufen, wenn an der Hoteltüre eine Schraube locker ist oder das Fenster klemmt. Es vermittelt ein Stück Sicherheit, ein Messer dabei zu haben. Für einen Knaben bedeutet es heute noch viel, wenn er von den Eltern das erste Taschenmesser geschenkt bekommt. In diesem Moment wird eine Entwicklungsstufe überschritten. Die Eltern vertrauen ihm. Vorher hiess es noch: «Hände weg, das ist gefährlich!» Diese Art «Einweihung» hat Carl (4) nicht so erlebt. In seiner Familie gehörte der Umgang mit Messern von allem Anfang an zum normalen Leben. Als Bub tauschte er oft kleine Taschenmesser mit leichten Defekten gegen Fussballbilder. Für ihn war das ein guter Handel. Seine Schulkollegen hatten jedoch das Gefühl, etwas viel Wertvolleres bekommen zu haben.

Manchmal entdecken Vater und Sohn Elsener ähnliche Ereignisse in ihrem Leben. Carl Elsener (4) liess sich viel Zeit, bis er die Frau seines Lebens fand. Rundherum machten sich alle Sorgen. Sogar zum Bruder Klaus wurde gebetet. Lachend erzählt Carl Elsener, dass seine Frau, Veronika Britschgi, ausgerechnet aus der Heimat von Bruder Klaus kommt. Für ihn war Veronika viel mehr als eine Zufallsbegegnung. Nach vier Jahren heirateten sie in der unteren Ranftkapelle. Auch hier fliesst die Lebensgeschichte von Vater und Sohn zusammen. Beide heirateten mit 32 Jahren. Nach den Töchtern Johanna und Marie-Louise kam 1999 Carl (5) zur Welt. Der aufgeweckte Bub äusserte vor kurzem seinen Berufswunsch. Er möchte Chef der Victorinox werden. Dabei vermeiden es seine Eltern, ihn zu beeinflussen. Doch auch er liebt die Firma. Oft kommt er nach der Schule in die Messerfabrik und fragt, ob er in der Packerei mithelfen darf.

Gemeinsame Visionen

Seit dreissig Jahren teilt sich Carl Elsener (4) mit dem Vater das Büro. Das war nicht immer einfach. Beide sind temperamentvoll und haben eigene Ideen, die manchmal nicht ganz übereinstimmen. Doch sie finden immer einen gemeinsamen Konsens. Dafür gibt es mehrere Gründe. Der erste ist sicher die christliche Einstellung. Carl hat durch seine Erziehung einen grossen Respekt vor seinen Eltern. Es ist auch so, dass Vater und Sohn langfristig ähnliche Visionen teilen. Wenn sie in Detailfragen voneinander abweichen, ist das nicht so wichtig. Dann gibt der Sohn gerne nach und lässt seinem Vater den Willen. Danach gefragt, wann er die Leitung der Firma übernommen habe, schweigt Carl Elsener (4) verblüfft. Das war nie ein Thema. Sein Vater und er teilten sich die Verantwortung. Seitdem Carl Elsener (3) gesundheitliche Probleme hat, ging die Hauptverantwortung ganz von selbst auf den Sohn über. Doch er bezieht seinen Vater nach wie vor mit ein. Die Leitung der Firma hat für beide nichts mit Prestige zu tun. Sie ist vor allem eine soziale Verantwortung den vielen Familien gegenüber, welche durch die Arbeit bei der Victorinox eine Lebensgrundlage haben. Der Seniorchef erzählt oft die Geschichte eines Unternehmers, der nach dem Geheimnis seines Erfolgs gefragt wurde. Dieser antwortete darauf, dass seine Firma kein Geheimnis habe, jedoch ein einfaches Rezept: «Wir achten auf das kleinste Detail.» Dieses Rezept gilt auch für die Victorinox. Oft hat Carl seinen Vater sagen hören: «Das ist nicht Victorinox, das kann noch verbessert werden!» Diese Haltung wird von den Mitarbeitern und den Lehrlingen stark mitgetragen.

Toni Blaser, 1958, Chef der Lehrlingsausbildung – Florian Moser, 1990, Polymechaniker Lehrling

Seit seiner Kindheit ist Toni Blaser mit der Familie Elsener verbunden, die gleich in der Nachbarschaft wohnte. Die Buben spielten zusammen Fussball. So war es nahe liegend, später in der Victorinox die Lehre zu machen, die er 1978 abschloss. Danach sah er sich zwei Jahre in zwei anderen Firmen um, ehe er wieder zurückkam. Jetzt ist er bereits 28 Jahre hier, zuerst als Instruktor, der die Arbeit zeigte und anleitete, dann als Lehrlingschef. Toni Blaser versucht für die Lehrlinge die Ansprechperson für alle auftretenden Probleme zu sein, fast im Sinne eines «Lehrlingsvaters». Bei allfälligen Problemen draussen im Betrieb wird er als Erster informiert. Meistens gelingt es ihm, Schwierigkeiten schnell und diskret zu lösen, ohne dass andere davon erfahren. Er will den jungen Leuten die Möglichkeit geben, Krisen als Entwicklungschance zu sehen.

Kaum haben die Lehrlinge ihre Stellen angetreten, geschieht meistens ein geheimnisvoller Prozess, der sie mit der Firma zusammenschweisst. Vielleicht hat es damit zu tun, dass sie zu Beginn ihr eigenes Taschenmesser zusammenstellen, das ihren Namen trägt. Der Chef kommt gleich in der ersten Woche vorbei und begrüsst jeden persönlich. Das beeindruckt die jungen Leute. Doch sie freuen sich auch für eine Firma zu arbeiten, die internationale Begeisterung weckt und gerühmt wird. Innert kürzester Zeit werden die Lehrlinge zur verschworenen Gemeinschaft, sind auf einmal «Victorinöxler».

Florian Moser ist bereits im dritten Lehrjahr. Er berichtet, dass er sehr froh gewesen sei, überhaupt eine Lehrstelle zu finden. Dass er sie hier fand, sei für ihn ein Glücksfall gewesen. Er drückt das so aus: «Hier kann man sich identifizieren. Wir sind stolz darauf, dass wir etwas zu einem Produkt beitragen können, das weltweit etabliert ist. So gehe ich mit Begeisterung an die Arbeit heran. Ich mache sie für etwas Nützliches, für gute Qualität. Das ist ein himmelweiter Unterschied zu einem Job, der einfach erledigt werden muss.» Er zeigt sein persönliches Taschenmesser, das er wie seine Kollegen selbst zusammen gebaut hat. Es hat Gebrauchsspuren, ist nicht mehr neu und glänzend wie im ersten Lehrjahr. Sorgfältig, fast respektvoll steckt er es zurück in seine Hosentasche.

Er wollte Polymechaniker werden, weil er gerne das Resultat seiner Arbeit sieht. In den Büros verschwindet das Geleistete in einem Computer, wird unsichtbar. Doch er kann durch die Bude gehen und sich sagen: «Schau her, da habe ich mitgearbeitet, das ist meine Handschrift! Ich kann es berühren und anschauen.» Sein Chef wirft ein, dass diese Arbeit eine grosse Verantwortung beinhalte. Fehler am PC könnten schnell korrigiert werden. Wer aber zwei Wochen Teile für eine Maschine mache, könne diese Arbeit in einem Sekundenbruchteil wegen Unaufmerksamkeit zerstören. Florian Moser scheint dies nicht zu schrecken. Er schwärmt, dass er einen spannenden und vielseitigen Beruf ausgelesen habe. Fachkräfte auf diesem Gebiet seien gesucht. Da gehe es nicht nur um Fertigung sondern auch um Montage und Revision.

Toni Blaser erläutert in groben Zügen, wie die Ausbildung abläuft. Im ersten Lehrjahr gibt es eine Grundausbildung in der eigenen Lehrlingswerkstatt. Zwei Instruktoren beschäftigen sich dort ausschliesslich mit der Lehrlingsausbildung. Das schafft gute Voraussetzungen, um Basiskenntnisse zu erwerben. Erst im zweiten Jahr geht es hinaus in den Betrieb, wo produktive Arbeit geleistet wird. Florian Moser arbeitet jetzt im Bereich Maschinenrevision. Später folgt die Montage oder die Fertigung. Auch im Konstruktionsbüro können die Lehrlinge erste Erfahrungen sammeln. So wird die Ausbildung sehr facettenreich. In vielen kleineren Betrieben lernen Auszubildende oft nur einen einzigen Bereich kennen oder machen nur Teile nach Vorgabe. Der grosse Betrieb der Victorinox bietet da viel mehr Möglichkeiten. Zwischendurch kehren die Lehrlinge

immer wieder zurück in die Lehrlingswerkstatt, um dort für Zwischenprüfungen zu üben oder die Teilprüfungen vorzubereiten.
Die Ausbildung mit ihrer Vielseitigkeit ist relativ teuer. Die Lehrlinge durchlaufen alle Abteilungen. Nach dem Ausbildungsreglement könnte man die Lehrlinge schon früh in einem Teilbereich im Betrieb als Spezialist einsetzen, für die Teilefertigung, die Maschinenrevision oder Maschinenmontage. Doch das wird zugunsten einer vielseitigen Ausbildung vermieden, was den jungen Leuten später noch bessere Chancen im Berufsleben bietet. Auch die Automatiker lernen alle Spezialabteilungen kennen.
Wenn Kaffeepause ist, strömen die Lehrlinge aus allen Bereichen der Firma in die Lehrlingsabteilung, um hier zusammen zu sitzen. Das ist überhaupt nicht zwingend. In anderen Firmen kann das selten so beobachtet werden. Sie halten stark zusammen, unternehmen auch viel gemeinsam. Mitten drin sitzt eine junge Frau. Sie ist die erste hier in der Firma, die den Beruf der Polymechanikerin erlernt. Sie war die Beste unter den Bewerbern, und so hat sie die Stelle bekommen. Sie tut dem ganzen Team gut. Der Umgang untereinander wird feiner, wenn eine Frau dabei ist. Viele überlegen sich zwei Mal, wie sie etwas sagen. Florian Moser bemerkt, dass man sie gleich wie alle anderen behandle. Frauen seien sogar etwas sorgfältiger als Männer und hätten mehr Geduld.

Wenn es irgendwie geht, werden Lehrlinge aus der Region eingestellt. Die nahe Familie gibt den Jungen Rückhalt. Viele Lehrlinge gehen am Mittag nach Hause und essen zusammen mit der ganzen Familie. Florian hat einen längeren Weg und geht erst am Abend heim. Aber er profitiert von der gleitenden Arbeitszeit und hat so schon früh Feierabend. Man kommt den Jungen sogar entgegen, wenn sie zusammen mit der Familie in die Ferien gehen möchten und deswegen einen Schultag versäumen. Doch das geht nur, wenn sie Einsatz zeigen. Das Unternehmen ist sehr familienfreundlich. Die Elseners werden selber von einem starken Zusammenhalt untereinander getragen.

Es gibt nur einen Lehrvertrag, aber keine Arbeitsverträge für die Angestellten. Ein Wort ist ein Wort. Man vertraut sich. Für Lehrlinge gilt das System des Leistungslohns, der auf einem Grundlohn basiert. Semesterweise gibt es je nach Leistung einen Zusatz. Der Grundlohn basiert auf der Note 4. Alles was höher ist wird belohnt. Gute Noten sind wichtig. Doch hier wird auch das Verhalten gewertet.
Zirka zehn Lehrlinge treten pro Arbeitsjahr in die Firma ein, davon sechs Polytechnikerinnen bzw. Polymechaniker und vier Automatikerinnen bzw. Automatiker. Dann gibt es noch je eine Lehrstelle als Logistikassistentin bzw. Logistikassistent und Kauffrau bzw. Kaufmann. Nach dem Lehrabschluss möchten fast alle in der Firma bleiben. Meistens gibt es gegen fünf freie Stellen. Dann wird abgeklärt, welche Richtung die jungen Berufsleute einschlagen möchten und ob sie sich für die offenen Stellen eignen. Es wird auch nachgefragt, wen man auf der Abteilung haben möchte. Oft ist es nicht einmal der beste Lehrling, der ausgewählt wird. Diejenigen, die vier Jahre Einsatz für die Firma geleistet haben, werden bevorzugt.

Wer faul war oder sich dauernd beschwerte, zieht eher den Kürzeren. Manchmal wird jemand ausgewählt, der schwächer war als die anderen. Toni Blaser erinnert sich an einen Lehrling mit hervorragendem Arbeitsverhalten. Er gab sich zwar Mühe beim Lernen, erreichte aber selten gute Noten. Das beeindruckte trotzdem. Viele mit deutlich besseren Noten setzten sich weniger ein als er. Gerade bei diesen jungen Leuten sei es oft möglich, dass ein Entwicklungssprung später einsetze. Junge könnten auch an ein Ziel herangeführt werden. Man merkt Toni Blaser deutlich an, dass ihm die Lehrlinge am Herzen liegen, und dass er ihnen viel Kredit gibt. Als Vater von drei Kindern kann er vieles unmittelbar nachvollziehen.
Die Berufsschule Goldau bewertet auch das Arbeits- und Sozialverhalten. Toni Blaser setzte sich gemeinsam mit Carl Elsener (4) dafür ein, dass auch an der Berufsschule Pfäffikon dieses System eingeführt wird. Freundlichkeit im Umgang und qualitätsbewusst arbeiten sind für sie sehr wichtig und sollen ihren Platz neben reinen Schulnoten erhalten. Auch der Gewerbeverband stand hinter dieser Ansicht.

Es hat viele Vorteile, wenn Mitarbeiter in der Firma ausgebildet wurden. Sie kennen den Betrieb und müssen nicht eingearbeitet werden. Doch es besteht die Gefahr der Betriebsblindheit. Leute von aussen bringen manchmal andere Ideen. Natürlich rennen sie zuerst damit an, weil die Alteingesessenen skeptisch sind. Aber mit der Zeit werden trotzdem neue Wege eingeschlagen. Auch Lehrlinge bringen oft interessante, konstruktive Vorschläge. Ihre Anregungen sind erwünscht und werden auch geprüft.

Als das Offiziersmesser hundert Jahre alt wurde, wollte die Belegschaft der Familie Elsener etwas ganz Besonderes geben. Nach langem Werweissen schenkten sie ihr ein Mannjahr Arbeitsstunden. Der Seniorchef hatte vor Freude Tränen in den Augen, als er davon erfuhr. Auf jeder Abteilung wurden die Stunden gesammelt. Jeder konnte so viele Stunden schenken wie er wollte. Die meisten machten mit. Ein Symbol dieser Haltung war ein weiteres Geschenk an den Seniorchef, als er achtzig Jahre alt wurde, ein grosses Victorinox-Logo neben dem Firmeneingang, das aus unzähligen Mosaiksteinen zusammengesetzt ist. Auch hier beteiligte sich jeder Mitarbeiter mit dem Kauf von Mosaiksteinen. So wurde dieses Geschenk zum Symbol für den Zusammenhalt der ganzen Firma und spiegelte die Verbundenheit mit Carl Elsener(3). Es berührt sehr, dass er so einfach lebt, fast einfacher als ein Arbeiter. Er hatte nie ein Auto und fuhr immer mit dem Fahrrad zur Arbeit. Meistens machte er bescheidenere Ferien als seine Angestellten.

Als der Besuch von Bundesrätin Doris Leuthard in der Firma angekündigt wurde, setzte sich Toni Blaser dafür ein, dass sie die Lehrlingsabteilung besuchte. Es ist ihm wichtig, dass der Nachwuchs gefördert wird, und dass auf höchster politischer Ebene für diese Anliegen sensibilisiert wird. Bei Doris Leuthard rannte er offene Türen ein. Sie interessierte sich stark für die jungen Berufsleute, fragte und hörte intensiv zu. Sie war bereits an der Berufsschule Pfäffikon zu Gast gewesen und hatte dort sogar eine Schulstunde gegeben. Nach ihrem Besuch waren sich alle einig, dass sie mit ihrer Einstellung gut zur

Victorinox passen würde. Ihre natürliche, kompetente Art hatte sie tief beeindruckt.

Im dritten und vierten Lehrjahr gibt es einen gemeinsamen Lehrlingsausflug. Bis dann sind alle volljährig. Jeder Teilnehmer zahlt fünfzig Franken und zieht zwei Tage Ferien ein. Die restlichen Kosten werden von der Firma übernommen. Diese Ausflüge sind so speziell, dass sich die Lehrlinge noch lange begeistert daran erinnern. Einmal machten sie eine geführte Tour über den Aletschgletscher. Am nächsten Tag konnten sie die Air Zermatt besichtigen und anschliessend Helikopter fliegen.
Einmal im Jahr gibt es einen Sportabend, zu dem die ganze Belegschaft eingeladen wird. Jeder kann sich etwas aussuchen, Velofahren, Biken, Schwimmen oder Walken. Danach sitzen alle bei Wurst und Brot zusammen, bunt gemischt vom Lehrling bis zum Chef. Bei solchen Anlässen wird hautnah spürbar, dass hier jeder wichtig ist. Auch der Juniorchef unterscheidet sich kaum von einem seiner Angestellten. Vielleicht gibt es deswegen dieses Band untereinander, das die meisten mit dieser Firma zusammenschweisst. Ein Beobachter von aussen kann erstaunt feststellen, dass viele ihr Brot mit einem Taschenmesser schneiden, in das der persönliche Name eingraviert ist. Die meisten ihrer Besitzer sind längst gestandene Berufsleute, die hier ihr Handwerk von Grund auf gelernt haben.

Neue Produkte

Eine der grossen Stärken von Carl Elsener (3) war sein Erfindergeist, wenn es um neue Produkte ging. Dabei stand ihm eine hervorragende Entwicklungsabteilung zur Seite. Viele der neuesten Produkte gehen in eine elektronische Richtung, welche ihm weniger liegt. Das Swiss Flash beinhaltet ein Memory zum Speichern und Austauschen von digitalen Daten, welches mühelos aus dem Taschenwerkzeug herausgenommen werden kann. Die Speichergrösse wird den Entwicklungen sofort angepasst. Der Swiss Flash Laser ist zusätzlich mit einem Laser für Präsentationen ausgerüstet, was für Geschäftsleute sehr nützlich ist.

Doch es gibt auch Tools, welche sehr technisch sind. Das RescueTool wurde in über fünfjähriger Zusammenarbeit mit Rettungs- und Sicherheitsdiensten entwickelt. Diese Praktiker wendeten es in allen erdenklichen Situationen an und das Entwicklungsteam der Victorinox ruhte nicht eher, bis jedes Detail perfekt war. Es verfügt über einen Scheibenzertrümmerer, eine Frontscheibensäge und einen Gurtenschneider. Mit diesem Tool können Leben gerettet werden, weil es alle notwendigen Werkzeuge in sich vereint, welche so blitzschnell zur Verfügung stehen. Das RescueTool wurde 2007 an der weltgrössten Messermesse in Nürnberg zum Messer des Jahres gewählt. Carl Elsener (4) ist überzeugt, dass die Abgabe von handlichen Vielzweckwerkzeugen an Sicherheits- und Rettungskräfte, Feuerwehren und Zivilschutzeinheiten immer wichtiger wird.
Fast hundert Jahre lang produzierte die Firma Victorinox nur Taschenmesser und Haushaltmesser. Im Laufe dieser Zeit wurde der Name zu einem Symbol für Qualität, Innovation und Zuverlässigkeit. Ende der Achtzigerjahre gingen

grosse Kunden aus den USA zu den Vertretern und fragten nach weiteren Produkten, welche dieselbe Qualität wie das «Swiss Army Knife» hätten. Daraufhin wurde in den USA eine Kundenumfrage gestartet, welche Produkte sie sich unter der Marke Victorinox und Swiss Army vorstellen könnten. Uhren wurden an erster Stelle genannt, aber auch Schuhe, Kleider, Gepäck und Brillen.

Die Produktion von Uhren in der Schweiz war nahe liegend. Sie konnten hier konkurrenzfähig und in bester Qualität hergestellt werden. Unter dem Namen «Swiss Army» wurden sie seit 1989 zu einem Erfolg. Danach meldete sich ein Gepäckhersteller aus den USA, der eine Gepäcklinie in Lizenz herstellen und weltweit vertreiben wollte. Da er die strengen Qualitätsvorgaben erfüllte, wird das Gepäck seit 1999 unter dem Namen Victorinox Travel Gear vertrieben. Auch die Bekleidungslinie hat sich einen guten Namen gemacht. Es werden keine schnelllebigen Modeströmungen verfolgt. Sie vertritt ebenfalls typische Victorinox-Werte – ist zeitlos, besticht mit raffinierten Details und kreativen Ideen. Durch die Übernahme der Firma Wenger kam eine neue, unerwartete Sparte dazu – die Parfümlinie unter dem Namen «Swiss Army». Veronika Elsener-Britschgi nahm diese Herausforderung mutig an und stellte ein Team mit Erfahrung zusammen. In zweijähriger Entwicklungsarbeit wurde der Herrenduft «Swiss Unlimited» kreiert. Damit wurde ein Produkt geschaffen, das unverwechselbar zu Victorinox gehört und als solches sofort erkannt wird. Ein spezieller Chip garantiert die lückenlose Verfolgung des Parfüms auf dem gesamten Vertriebsweg. So können Kunden besser vor Raubkopien minderer Qualität geschützt werden. Für dieses innovative und zukunftsweisende Projekt wurde die Parfümabteilung mit dem Swiss Logistics Award 2007 ausgezeichnet.

Rainer Betschart, 1974, Aussendienst

Rainer Betschart ist einer von drei Aussendienstmitarbeitern, welche in der ganzen Schweiz die Verkaufsstellen der Victorinox betreuen. Sein Gebiet reicht von Basel bis ins Oberengadin. Seit fünfzehn Jahren ist er für die Firma tätig. Zuerst war er als Postbote angestellt, um die Wartezeit auf eine Saisonstelle in einem Skigebiet zu überbrücken. Schon nach kurzer Zeit fühlte er sich rundherum wohl in der Firma. Die Stimmung unter den Angestellten und die menschliche Art des Chefs begeisterten ihn so sehr, dass er sich zum Bleiben entschloss. Er war überrascht, bei einer Firma dieser Grösse so viel Zusammenhalt und Herzlichkeit zu spüren. Nachdenklich sagt er: «Natürlich gibt es auch hier Dinge, die stören. Aber das Wesentliche stimmt für den Grossteil der Angestellten.»

Manche Dinge berühren ihn speziell. Die Seniorenweihnacht gehört dazu. Selbst Kranke nehmen den Weg unter die Füsse oder werden sogar abgeholt. Wenn der Chef kommt, werden starke Emotionen spürbar. Da ist eine ehrliche Wertschätzung, kein Misstrauen wie anderswo. Sie vertrauen sich gegenseitig, es geht gar nicht anders.

Er merkte schon bald, dass hier kaum etwas verschwendet wird. Jedes Ding wird sorgfältig geprüft, ehe es weggeworfen wird. Die wichtigen Dinge stimmen – ein leistungsfähiger Computer, ein guter Bildschirm oder ein Bürostuhl, der keine

Rückenschmerzen verursacht. Aber es muss nicht dauernd das Neueste sein. Das wird von der Familie Elsener selbst vorgelebt und zieht sich durch die ganze Firma. Sie ist sparsam, aber nicht geizig. Rainer Betschart präzisiert das so: «Es gibt Leute, die nur sparsam sind, wenn es um andere geht. Für sie selber gilt das nicht. Die Elseners sind sparsam. Aber sie sind grosszügig mit ihren Leuten. So etwas gibt es selten! Diese Bescheidenheit kommt ehrlich und geradlinig daher. Hier, wo das so vorgelebt wird, verhält sich auch die Belegschaft danach und unterstützt Sparmassnahmen, die anderswo boykottiert würden.»

Rainer Betschart spricht von einem Urvertrauen in die Firmenleitung, obwohl nicht alles leicht nachvollziehbar sei. Manchmal fragte er sich, warum gewisse Produkte nicht lanciert wurden. Oder es wurde Kritik laut, als wegen grosser Aufträge die Firma fast aus den Nähten platzte. Doch gleich danach kam der grosse Einbruch nach dem Attentat in Amerika vom 11. September 2001. Ein Ausbau wäre in dieser Situation fatal gewesen. Man wisse genau, dass die Geschäftsleitung alles für die Angestellten und für den Betrieb mache. Das Denken sei langfristig. Selbstverständlich gebe es auch Hierarchiestufen. Aber man könne mit allen reden und etwas fragen. Man erwarte auch nicht, dass Dinge schön geredet würden. Kritik sei immer möglich. Viele Angestellte würden anderswo bei ehrlicher Meinungsäusserung die Stelle oder die Aufstiegsmöglichkeiten riskieren. Hier sei das anders, sofern respektvoll und anständig formuliert werde. Aber es werde nach Diskussionen erwartet, dass man trotzdem mitziehe, auch wenn

man nicht gleicher Meinung sei. Bei der Weihnachtssitzung der Aussendienstmitarbeiter werde recht offen geredet. Dabei spüre man ein echtes Interesse und werde ernst genommen. Natürlich wüssten sie, dass nicht alles erfüllt werden könne. Aber die eine oder andere Anregung falle trotzdem auf fruchtbaren Boden.
Die Grundhaltung der Firma spiegelt sich auch im Umgang mit den Kunden. Die Victorinox wünscht sich langfristige Kundenbindungen, von der beide Seiten profitieren. Sie unterstützt sie beim Verkauf und bei der Gestaltung des Schaufensters. Rainer Betschart und seine Kollegen beziehen einen festen Lohn, unabhängig von ihrem Verkaufserfolg. Sie müssen auch keine Protokolle und Tagespläne ausfüllen, wie es normalerweise üblich ist. Dabei wird ohnehin viel manipuliert. Hier basiert viel auf Vertrauen, was die Leistungsbereitschaft klar erhöht.

Rainer Betschart beobachtet gerne Kollegen von anderen Firmen, welche die gleichen Geschäfte besuchen wie er. So lässt sich eine Wartepause gut überbrücken. Vielleicht kann er etwas dabei lernen. Selbst Negativbeispiele sind wichtig, um dieselben Fehler zu vermeiden. Er studiert Körperhaltungen und Verkaufsargumente. Viele haben wenig Unterstützung von ihren Arbeitgebern, selbst wenn sie es gut machen. Natürlich gibt es auch andere Firmen, die loyal sind. Doch der Druck wird immer härter. Täglich kommen vier oder fünf Aussendienstler in die Geschäfte. Manche von ihnen wirken gehetzt und getrieben und sind durch Reklamationen sichtlich überfordert. Das stimmt nachdenklich. Durch diese Beobachtungen hat Rainer Betschart gemerkt, wie privilegiert er ist: «Wir werden nicht gejagt und werden nicht auf die Tour geschickt, um möglichst viel reinzuholen. Wenn der Kunde Fragen und Wünsche hat, können und dürfen wir darauf eingehen. Es geht nicht in erster Linie darum, ein paar tausend Franken aufzuschreiben. Viele fremde Firmen versuchen, innert kurzer Zeit einen hohen Gewinn zu machen. Dann gehen sie wieder und kümmern sich nicht um die Kunden. So entsteht kein Vertrauen. Wir möchten den Kunden einen Dienst erweisen, der auf Gegenseitigkeit beruht. Beide profitieren davon. Das wird von der Geschäftsleitung vorgelebt. Auch wir wollen verkaufen, Geld verdienen, wachsen. Doch wir haben langfristige Ziele zusammen mit unseren Kunden, die wir über Jahre verfolgen. Nur so können wir nachhaltig sein.»

Der Druck im Geschäftsleben geht auch an der Victorinox nicht vorbei. Doch er ändert nichts an der Firmenkultur. Verlässlichkeit ist oberstes Gebot. So bekommt Rainer Betschart oft Komplimente, wenn er seine Kunden besucht. Sie sind begeistert, weil Bestellungen perfekt abgewickelt werden: gut verpackt, richtige Ware, tadellose Qualität und Rechnungen ohne Fehler. Reklamationen seien sehr selten. Da zeige es sich, dass der Chef genau und detailverliebt sei. Diese Dinge seien wichtig und eine Visitenkarte für die Firma. Wenn er sich anmelde, bekomme er immer einen Termin, was für andere nicht selbstverständlich sei. Er gehe nie unangemeldet in ein Geschäft. Das wirke respektlos, denn fast überall herrsche ein gewisser Zeitdruck. Er lächelt, als er von früheren Zeiten spricht, in denen der Vertreter noch Nachrichten aus der grossen Welt mitgebracht habe. Diese Zeiten seien endgültig vorbei. Heute muss ein Vertreter Kundenberater und Coach sein.

Oft wird Betschart um Rat gefragt, was das Sortiment betrifft. In diesen Momenten versetzt er sich stark in die Situation des Ladenbesitzers und fragt sich, was er an seiner Stelle machen würde. Dabei denkt er an einen langfristigen Erfolg. Manche vertrauen ihm und akzeptieren seine Vorschläge, lassen einfach aufschreiben. Andere testen den jungen Mann mit dem schnellen Auto, der doch sicher nur an sich und an eine Provision denke. Dann ist Rainer Betschart vorsichtig und schreibt wenig auf. Vertrauen muss wachsen. Er nimmt sich Zeit, sein Gegenüber gut kennen zu lernen. Jeder hat einen anderen Charakter, der berücksichtigt werden muss.

Er liebt es, seinen Kunden den Betrieb in Ibach zu zeigen. Auf diese Weise kann er zeigen, dass die Qualität wirklich stimmt. Zudem wird bei diesen Rundgängen spürbar, was die Victorinox so besonders macht – da wird tatsächlich mit Freude gearbeitet! Es erstaunt viele, dass es das wirklich gibt. Betschart muss sich zusammenreissen, dass er nicht zu viele Führungen macht. Er wurde deswegen sogar schon gerügt. Doch was soll er machen? Er ist stolz auf diesen Betrieb.

Manchmal wird Rainer Betschart verlegen, weil er fast nur Positives erzählt. Er betont, dass er auch skeptisch sei und keine rosa Brille trage. Der Ruf der Firma Victorinox sei so ausgezeichnet, dass es ihm fast Angst mache. Gut, manchmal gebe es Fragen wegen dem ehemaligen Konkurrenten Wenger, der mittlerweile zur Victorinox gehört, aber immer noch als eigene Marke auftritt. So bleibe ein bisschen Konkurrenz, die auch anspornend wirke. Wenn die Firma Wenger ein tolles Pro-

dukt lanciere, werde er manchmal ausgelacht, so im Sinne: «Tanzt Euch der Kleine auf der Nase herum? Macht er, was er will?» Ein Leben ohne die Victorinox kann sich Rainer Betschart nicht mehr vorstellen. Natürlich hat sich in den letzten Jahren vieles in der Firma verändert. Neue Produkte sind entstanden. Manche Entwicklungen stimmten im ersten Moment skeptisch, vielleicht auch in Unkenntnis von vielen Fakten. Aber trotz allem ist die Motivation immer da.

Im Rahmen einer Weiterbildung besuchte er einen Kurs für Marketingplaner. Die Teilnehmer kamen aus verschiedensten Sparten und berichteten von ihren Erfahrungen. Ein weiterer Victorinox-Mitarbeiter war ebenfalls mit dabei. Oft sahen sie sich stumm an, wenn bestimmte Strategien erläutert wurden. Victorinox macht es genau umgekehrt. Laut Schule war alles falsch und trotzdem funktionierte es. Der Erfolg gibt ihnen Recht. Sie erklärten sich das so: In der Victorinox spiegelt sich ein persönlicher Lebensentwurf, der in sich stimmt und eine unverwechselbare Handschrift trägt. Der lässt sich nicht durch fremde Konzepte ersetzen. Dass dieser Lebensentwurf über Generationen hinweg seine Gültigkeit hat, erstaunt Betschart. Das sei in anderen Firmen nicht unbedingt üblich. Viele Söhne setzten sich bewusst von ihren Vätern ab und wollten eine andere Linie verfolgen. Natürlich unterschieden sich Carl Elsener senior und junior, aber die Grundwerte seien dieselben. Der Vater sei immer zurückhaltend gewesen, wenn es um die Öffentlichkeit ging. Selbst an seinem 80. Geburtstag, als er von der ganzen Belegschaft gefeiert wurde, habe er nur wenige Worte gesprochen. Zur Selbstdarstellung sei er viel zu beschei-

den. Trotzdem hinterlasse er riesengrosse Fussspuren. Doch auch sein Sohn habe «grosse Füsse». Für den Seniorchef habe in erster Linie das Produkt gezählt, das für sich selbst sprechen musste. Carl Elsener junior sei ein guter Kommunikator, der mit einfachen Worten komplexe Inhalte vermitteln könne. Doch auch er wirke bescheiden und stelle sich nur ungern in den Mittelpunkt. Man merke genau, hier werde nichts vorgetäuscht. Er könne zu allem stehen, was er sage.
Manchmal fragt sich Rainer Betschart, wie ein solcher Familienzusammenhalt zustande kommt. Kopfschüttelnd sagt er: «Die Victorinox hat selbst bei den Geschwistern des Chefs, den Schwiegertöchtern und Schwiegersöhnen dieselbe Linie. Das ist kaum zu glauben. Sie haben einen Charakter, der dazu passt. Ich möchte zu gern wissen, wie man den eigenen Kindern Werte wie Bescheidenheit und Menschlichkeit so mitgeben kann!» Vielleicht erwischt er den Zipfel des Familiengeheimnisses, als er sich an Rosmarie Elsener-Zehnder erinnert, die verstorbene Frau des Seniorchefs. Er hat sie nicht gut gekannt, aber als eine Frau erlebt, die viel Ruhe und Wärme ausstrahlte. Sie blieb im Hintergrund. Trotzdem war eine Ausstrahlung da, die unmittelbar berührte und ergriff. Er ist überzeugt, dass diese starke Frau als Beraterin und Familienmutter eine tragende Rolle spielte.
Die weltweite Finanzkrise lässt auch die Victorinox nicht unberührt. Doch gerade jetzt zahlt sich die Fairness den Kunden gegenüber aus. Viele sehen aus Firmentreue davon ab, ihr Sortiment bei den Victorinox-Artikeln zu reduzieren. Es liegt ihnen viel daran, dass es diese grundsolide, verlässliche Firma auch weiterhin gibt.

Fälschungen

Die vielen Fälschungen waren ein wichtiger Grund für die Ausdehnung der Produktpalette. Vater und Sohn Elsener entschieden sich nach langem Überlegen dazu, die Marke Victorinox weltweit noch mehr zu stärken. Leute, die Interesse an Markenprodukten haben, zeigen sich gerne damit. Gepäck, Kleider und Uhren sind dazu geeignet. Ein Markenauftritt nur mit Messern ist schwierig. Heute führen Messergeschäfte Produkte verschiedener Hersteller, nicht nur die Marke Victorinox. Zusammen mit der neuen Produktpalette lässt sich mühelos eine ganze Wand in einem Warenhaus gestalten, die gross mit Victorinox bezeichnet wird. In den Flagshipstores kann auf mehreren Etagen das gesamte Sortiment gezeigt werden. Auf diese Weise fällt die Marke viel stärker auf. Wenn Kunden in der Vergangenheit gute Erfahrungen gemacht haben, übertragen sie dieses Vertrauen auch auf andere Produktkategorien. Auch bei diesen neuen Produkten ist es der Victorinox wichtig, dass sie nachhaltig sind. Gute, langlebige Qualität schont Ressourcen.

Die Produktpiraterie macht Carl Elsener (4) weiterhin grosse Sorgen. Kaum ist ein neues Produkt auf dem Markt, wird es schon kopiert. Meistens ist die Ähnlichkeit nur äusserlich. Selbst Carl Elsener (3) fiel schon darauf herein. Als er etwas schneiden wollte, griff er nach dem ersten Messer, das auf seinem Schreibtisch lag. Doch es schnitt nicht. Auch fehlte das charakteristische Geräusch beim Schliessen des Messers. Mit ungläubigem Erstaunen nahm er das Messer genauer in Augenschein und stellte erleichtert fest, dass es eine billige, asiatische Kopie war, welche ein Mitarbeiter bei ihnen abgeliefert hatte. Vater und Sohn sind sich einig, dass Fälschungen gestoppt werden müssen. Es geht einfach nicht an, dass Kunden derart getäuscht werden und der gute Name der Firma dadurch Schaden leidet. Es braucht viele kostspielige Entwicklungsschritte, damit ein Produkt bis ins letzte Detail stimmt. Dann kommt jemand, nimmt das fertige Messer und baut es einfach nach. Empört zeigt Carl Elsener (4) eine Schreibtischschublade, die mit Kopien gefüllt ist. Was die Victorinox besonders bedrückt, sind die Auftraggeber, welche oft aus Europa und den USA stammen. Händler schrecken nicht davor zurück, erfolgreiche neue Victorinox-Produkte sofort im Fernen Osten kopieren zu lassen. Manchmal lassen sie ein paar geringfügige Änderungen vornehmen, damit Patente nicht verletzt werden. Doch das Produkt ist dem Original immer noch sehr ähnlich. Selbst die Armee eines europäischen Landes liess sich von der Victorinox den Prototyp eines Messers zusenden. Sie leiteten es später an eine asiatische Firma weiter, welche das Messer billig für sie produzierte. Solche Vorfälle stimmen sehr nachdenklich. Deswegen muss sich die Victorinox energisch gegen Produktpiraterie verteidigen. Sie hat ein Schweizer Unternehmen engagiert, welches auf das Aufspüren von Imitaten spezialisiert ist. Dieses fahndet weltweit und es gelingt immer wieder, bereits am Zoll gefälschte Waren abzufangen. Gesamthaft wurden schon mehrere hunderttausend Raubkopien beschlagnahmt und vernichtet. Auch auf Messen und Ausstellungen werden Stände mit gefälschten Waren sofort geschlossen.

Sie gehören zur Familie

Trotz vieler Herausforderungen, die nicht immer einfach sind, strahlt Carl Elsener (4) Begeisterung und Lebensfreude aus. Kaum etwas kann ihn aus der Ruhe bringen. Es ist spürbar, dass er die Firma mit Leidenschaft führt. Er spricht davon, dass die Firmenleitung eine Verpflichtung sei, die er von seinen Vorfahren übernommen habe und einmal weitergeben werde. Es macht ihm Freude, so vielen Menschen hier Arbeit geben zu können und ein Vertrauen zu spüren, das zum Teil über Generationen gewachsen ist. Dieses Vertrauen möchte er nie enttäuschen und weiterhin dafür sorgen, dass seine Angestellten hier leben und arbeiten können. Sie sind viel mehr als Angestellte. Sie gehören zur Familie.

_Nachwort

Zum 125-jährigen Bestehen der Victorinox wurde als Jubiläumsgeschenk das klassische Offiziersmesser mit einem goldgelben Victorinox-Emblem versehen. Vier Generationen Elsener haben seit 1884 kontinuierlich am Aufbau des Betriebes im schwyzerischen Ibach mitgewirkt. Die ursprüngliche Messerschmiede wuchs im Lauf der Zeit zu einem Unternehmen, das heute weltweit tätig ist. Man ahnt kaum, was sich hinter dem modern klingenden Namen Victorinox verbirgt, wenn man das Jubiläumsmesser im Sack trägt.
Jeder Schweizer kennt die vielseitig verwendbaren, rostfreien Messer mit dem charakteristischen Kreuz und Schild, die je nach Art und Grösse unterschiedlichste Funktionen erfüllen. Die Messer sind Qualitätsprodukte und stehen stellvertretend für das stark erweiterte Sortiment der Firma Victorinox; selbst das neu entwickelte Parfüm darf als Qualitätsprodukt erwähnt und gelobt werden.
Die Schweizer Industrie kann im weltweiten Wettbewerb nur bestehen, wenn sie auf Qualität setzt. Daran erinnern jeder 1. Augustredner und jeder Schweizer Wirtschafts- und Aussenpolitiker und sie weisen als Aushängeschild auf die Schweizer Uhren und die Schweizer (Sack-)Messer hin.

Wie war der Aufstieg der Firma Elsener zu einem Weltkonzern möglich und welche Tugenden werden in Ibach hochgehalten? Heidy Gasser, Schriftstellerin aus Lungern, ist im Auftrag der Albert Koechlin Stiftung AKS, Luzern, diesen Fragen nachgegangen. Sie sprach mit dem heute 87-jährigen Seniorchef und seinem Sohn Carl, aber auch mit Angestellten und Arbeitern der Firma. So kam ein anschauliches Bild einer Innerschweizer Unternehmerfamilie und eines Unternehmens zustande, das zeigt, wie Qualität auf Qualitätsforderungen beruht und wie das Engagement für die Firma in der Wertschätzung der Mitarbeiter ein Fundament hat.
Die Autorin schildert einfühlsam den Weg, der Ende des 19. Jahrhunderts in Ibach mit der vom innovativen Karl Elsener eröffneten

Messerschmiede in einer wirtschaftlich widersprüchlichen Zeit begann. Sowohl die Stürme des Ersten wie des Zweiten Weltkrieges konnten von der 2. Generation Elsener bewältigt werden, immer bemüht, sowohl die Zeichen des technischen Fortschrittes zu nutzen wie auch den Visionen des Gründers verpflichtet zu bleiben. Der Familienbetrieb schuf im damals finanzschwachen Kanton Schwyz zahlreiche Arbeitsplätze. Für den Talkessel von Schwyz wie für den ganzen Kanton war und ist das Unternehmen ein Garant für Wertschöpfung und für eine nachhaltige Sicherung der geschaffenen Arbeitsplätze.

Die vorliegende Schrift «Victorinox – die Messermacher von Ibach» geht den Spuren nach, wie jene verschworene Gemeinschaft entstand, die heute am Standort Ibach am Werk ist. Kern der Identifikation mit einem Unternehmen (das gilt ganz allgemein) ist die gerechte Behandlung der Belegschaft. Nach dem Philosophen John Rawls, der eine Theorie der Gerechtigkeit geschrieben hat, sind hohe Löhne der führenden Leute berechtigt, wenn sie in einem vernünftigen Verhältnis zu denen der Mitarbeiter stehen und der Gewinn statt in private Taschen in das Unternehmen fliesst, und zwar als Ressource für schlechtere Zeiten oder für die Entwicklung neuer, markttauglicher Erzeugnisse. Die Victorinox richtet sich nach diesem Grundsatz aus. Das führt zu Firmentreue und zu grossem Engagement der Mitarbeitenden.
Heidy Gasser weist auf Grund vieler Gespräche nach, wie die Messerschmiede in den 125 Jahren ihres Bestehens zum weltweiten Erfolg geführt worden ist. Im Vordergrund stand nicht nur die strenge Ausrichtung auf Qualität und das soziale Klima, kurz die Firmenkultur, sondern auch eine ethische und religiöse Grundhaltung der Unternehmerfamilie.

Die Schrift, in dessen Mittelpunkt die Familiensaga der Elsener steht, kann stellvertretend für viele andere Unternehmen in der Innerschweiz auf dem Weg ins Heute gelten, die vom gleichen Geist geleitet werden und geleitet worden sind. Seriosität, Gradlinigkeit, kreatives Unternehmertum, soziale Einstellung, Wertschätzung der Mitarbeiter können zum Erfolg führen. Zahlreiche grössere und kleinere Unternehmen in der Innerschweiz – auf die namentlich hinzuweisen, hier verzichtet werden soll –, Traditionsbetriebe und moderne Kleinunternehmen, die am Markt bestehen, lassen sich von einer ähnlichen Geisteshaltung inspirieren.

Der Verlagsrat hat die Firma der Familie Elsener mit Bedacht ausgewählt: sie repräsentiert, was auch im übrigen Raum der Innerschweiz möglich ist. Zwar schielen heute viele Unternehmer auf den grossen Wirtschaftsraum des Mittellands, auf den Metropolitanraum Zürich, aber die Victorinox erbringt den Nachweis, dass Erfolg nicht ortsgebunden ist, sondern dort entsteht, wo Menschen mit Leidenschaft, Engagement und beruflichen Qualitäten arbeiten. So findet man in den wirtschaftlichen Randgebieten der Innerschweiz viele, rege wirkende Unternehmen. Ein Blick in die Landschaft um den Vierwaldstättersee wird dies bestätigen.
Die Arbeitnehmer schätzen die Qualität des Arbeitsplatzes, die Stetigkeit der Unternehmensführung, die Wertschätzung, die sie in übersichtlichen Firmen erfahren, und die Möglichkeit, in einer schönen Landschaft zu wohnen. Diese Standortfaktoren sind, neben guten Schulen und einer belebenden Dorfkultur, Anziehungspunkte ersten Ranges. Die Standortgunst in einer von globaler Dynamik beherrschten Wirtschaftswelt bleibt so auch in den Tälern, die in die Berge greifen, erhalten. Oft vergisst man, dass die Grossstädte zwar sehr attraktiv sind, dass in ihnen zu leben und sich täglich durch das Verkehrsgewühl zu zwängen aber auch anstrengend ist. Dass sich Firmen vom Format der Victorinox im weltweiten Wettbewerb behaupten, ist der Beharrlichkeit des Firmengründers und seiner Nachfolger zu verdanken, aber auch jener Standortqualität, die rund um die Hauptorte der Innerschweiz herrscht.

Andreas Iten

Bisher erschienen in der Reihe
INNERSCHWEIZ AUF DEM WEG INS HEUTE
Albert Koechlin Stiftung AKS, Luzern

Band 1

Anton Rotzetter.
Aufbruch zu einer neuen christlichen Spiritualität, 128 Seiten
ISBN 978-3-905446-05-0

Stimmen zum Werk:

«Warnung: Das Buch ist nicht so harmlos wie der etwas fade Titel vermuten lässt. [...] Anton Rotzetter schildert den tief greifenden ‹Traditionsbruch› bezüglich religiösen Vorstellungen und Institutionen: Der Milieukatholizismus ist tot, ein Ende des konfessionellen Christentums in Sicht.»

Walter Ludin, www.kath.ch

«Ein wichtiges Buch in einer Zeit, die sich neu orientiert.»

Joseph Bättig, Bote der Urschweiz, 6.5.2009

Band 2

Martin Stadler
Sprachsuche im Ring der eigenen Region, 132 Seiten
ISBN 978-3-905446-06-7

Stimmen zum Werk:

«Der Urner Schriftsteller Martin Stadler (64) legt eine Selbst- und Werkbiographie vor: Das Buch erzählt auch eindrücklich, wie dramatisch sich Uri gewandelt hat.»

Urs Bugmann, Neue Luzerner Zeitung, 24.6.2009